HEYNE

Das Buch

Unser Leben ist voller Zahlen, und meist nehmen wir sie gar nicht bewusst wahr. Doch ein zweiter Blick lohnt sich! Denn hinter bestimmten Zahlen, die uns auffallend häufig begegnen, verbergen sich Botschaften der Engel. Wie wir sie entschlüsseln können, zeigt Leeza Robertson. Mithilfe ihrer Engel-Numerologie können wir uns mit der Kraft unserer himmlischen Helfer verbinden und mächtige positive Energien in unser Leben holen.

Die Autorin

Leeza Robertson ist eine bekannte US-amerikanische spirituelle Lebensberaterin. Mit ihrer Firma Quantum Wealth Coaching unterstützt sie Menschen und Unternehmen darin, deren Begabungen und Ziele zu einer ganz persönlichen Lebensmission zu verbinden. Sie ist Autorin mehrerer erfolgreicher Tarotdecks und spiritueller Bücher.

Leeza Robertson

Die verborgene Botschaft der Engelzahlen

Warum dir Zahlen immer wieder begegnen und wie sie dich mit himmlischen Energien verbinden

Aus dem Amerikanischen übertragen von
Diane von Weltzien

WILHELM HEYNE VERLAG
MÜNCHEN

Die Originalausgabe erschien 2021 unter dem Titel »The Divine Practice of Angel Numbers: Raise Your Vibration with the Archangels« im Verlag Llewellyn Publications, Woodbury, MN 55125-2989. www.llewellyn.com

Der Verlag behält sich die Verwertung der urheberrechtlich geschützten Inhalte dieses Werkes für Zwecke des Text- und Data-Minings nach § 44 b UrhG ausdrücklich vor.
Jegliche unbefugte Nutzung ist hiermit ausgeschlossen.

Die in diesem Buch zusammengestellten Informationen sind nicht geeignet, körperliche und psychische Erkrankungen oder Verhaltensauffälligkeiten bei Menschen zu diagnostizieren und zu behandeln. Bitte wenden Sie sich dazu an einen Arzt oder Therapeuten. Die Autorin und der Verlag übernehmen keinerlei Haftung für irgendwelche Beschwerden, die in die Zuständigkeit eines Arztes oder Therapeuten fallen. Alle Fallgeschichten und Beschreibungen von Personen wurden so verändert, dass niemand wiedererkannt werden kann.
Jede Ähnlichkeit mit lebenden oder verstorbenen Personen ist rein zufällig.

Penguin Random House Verlagsgruppe FSC®-N001967

2. Auflage
Taschenbucherstausgabe 06/2022
Copyright © 2021 by Leeza Robertson
Copyright © der deutschsprachigen Ausgabe 2022 by Heyne Verlag, München, in der Penguin Random House Verlagsgruppe GmbH, Neumarkter Straße 28, 81673 München
Alle Rechte sind vorbehalten. Printed in Germany.
Redaktion: Herbert Scheubner
Einbandgestaltung: Guter Punkt, München, unter Verwendung von Motiven von © nadtytok / iStock / Getty Images Plus und © Mashot / iStock / Getty Images Plus
Chakra-Illustration © Mary Ann Zapalac
Satz: Satzwerk Huber, Germering
Druck und Bindung: GGP Media GmbH, Pößneck
ISBN 978-3-453-70441-1

www.heyne.de

Dieses Buch ist für alle, die ihren Blick nach unten richten und nichts finden als Federn, die sie auf ihrem Weg führen.

Inhalt

Einführung 9

1. Kapitel 000 – Erzengel Metatron:
In deinem Leben grenzenlose Möglichkeiten
finden 47

2. Kapitel 111 – Erzengel Michael:
Übernimm mutig die Führung in einer neuen Zeit 61

3. Kapitel 222 – Erzengel Jophiel:
Bring die Zwillingsflammenenergie ein 75

4. Kapitel 333 – Erzengel Haniel:
Lass dein Herz Musik für deine Ohren schaffen .. 91

5. Kapitel 444 – Erzengel Samael:
Entledige dich der Brille der Egobeschränkungen . 107

6. Kapitel 555 – Erzengel Uriel:
Lass los und vertrau der Veränderung 123

7. Kapitel 666 – Erzengel Ariel:
Liebe dich so, wie wir dich lieben 139

8. Kapitel 777 – Erzengel Raziel:
Das Unbekannte ist dein Führer, vertraue ihm ... 155

9. Kapitel 888 – Erzengel Raguel:
Du befindest dich im Fluss göttlicher Fülle 172

10. Kapitel 999 – Erzengel Raphiel:
Du bist umgeben von Heilenergie............. 189

11. Kapitel 1010 – Erzengel Gabriel:
Du bist eins mit allem..................... 204

12. Kapitel 1111 – Erzengel Sandalphon:
Wünsch dir etwas, das Universum ist ganz Ohr... 220

13. Kapitel 1212 – Erzengel Zadkiel:
Nutze Wertschätzung für Wachstum und
Erhöhung............................... 238

Nachwort 254
Danksagung 256

Einführung

Wurde dir je der Witz von der Frau erzählt, die in ihre Küche geht und dort zwölf Erzengel antrifft, die für sie belegte Brote machen? Nein, mir auch nicht, denn es war kein Witz, und die Frau, von der hier die Rede ist, war ich selbst.

Ich erinnere mich an jenen Frühlingsmorgen, als sei er gestern gewesen. Gerade erst hatte ich meditiert und mit einer Klientin an ihrer Heilung gearbeitet, als ich beim Betreten meiner Küche zwölf Engel sah, die Brote schmierten. Erzengel Uriel blickte von seinem Tun auf, lächelte, winkte und sagte »Hallo« und setzte dann seine Arbeit fort. Im ersten Augenblick hielt ich diese Leute in meiner Küche für Einbrecher. Weißt du, sie hatten weder Flügel noch irgendwelche Merkmale, die sie als Engel kenntlich gemacht hätten, und waren auch nicht durchsichtig. Sie sahen wie ganz normale Leute aus. Also fing ich an, zu schreien und mich nach einem Gegenstand umzublicken, den ich als Waffe würde gebrauchen können. Eigentümlicherweise hielt Uriel das schärfste Messer in der Hand, das ich besaß. Dann sah ich es: das Strahlen und das Licht ihrer Auren. Ich ließ das Schreien sein und ging in mein Zimmer. Dort saß ich eine Zeit lang und kehrte dann in die Küche zurück. In der Küche war niemand mehr. Sie waren verschwunden, dachte ich jedenfalls, bis mir

Uriel auf die Schulter tippte und sagte: »Wir sollten uns einmal unterhalten.«

Das war der Tag, an dem ich meinte, den Verstand verloren zu haben. Ich glaubte wirklich, durchgedreht zu sein und mich in fantastischen Wahnvorstellungen verirrt zu haben, um all dem Schmerz zu entgehen, mit dem ich mich in meinem Leben bisher nicht hatte auseinandersetzen wollen. Da ich mich seit zwanzig Jahren mit dem Geist und mit Psychoanalyse befasste, entschied ich, wenn ich schon verrückt würde, wenigstens alles zu dokumentieren. So würde ich herausfinden, was geschah, wenn mein Gehirn in zwei Teile gespalten würde. Auf einer verrückten, aufgedrehten Ebene war ich jedoch ganz schön aufgeregt. Doch meine Blase platzte nur allzu schnell. Es zeigte sich, dass ich keineswegs meinen Bezug zur Wirklichkeit verloren hatte. Das machte es mir ehrlich gesagt aber nicht eben einfacher zu verstehen, was als Nächstes und im Verlauf der folgenden vier Monate geschah. Jedenfalls hatte ich mich nicht damit geirrt, dass ich mich mit meinem Schmerz konfrontieren musste. Einer der zwölf Engel beförderte mich so lange zur Hölle und wieder zurück, bis ich mich schließlich doch mit diesem unterdrückten Schmerz auseinandersetzte. Dieser Engel war Erzengel Uriel.

Ich hatte schon lange vor meiner gegenwärtigen physischen Inkarnation mit Uriel zusammengearbeitet, und auch dieses Mal war er jeden Schritt des Weges an meiner Seite. Er war bei mir während meiner traumatischen Geburt, meiner ersten Nahtoderfahrung im Alter von fünf Jahren, meiner problematischen Ehe und stand ebenfalls neben mir Wache, als ich in einer finsteren Seitengasse in einem der Vororte meiner Heimatstadt Melbourne betrunken das Bewusstsein verlor. Uriel hat alles mit mir miterlebt, auch die Geburten meiner drei Kinder. Um die Wahrheit zu sagen: Er ist der Grund, warum ich noch nicht aufgegeben habe. Jedes Mal, wenn ich zu Boden ging, umfing er mich, klopfte mir den Staub ab und stellte mich wieder auf die Füße. Auch wenn ich seine Anwesenheit während eines Großteils meiner gegenwärtigen Inkarnation nicht wahrnahm, blieb er dennoch an meiner Seite, hielt mir den Rücken frei und sammelte mich wieder auf. Das ist Liebe in ihrer reinsten und göttlichsten Form. Er ist ich, und ich bin er; unsere Energien sind miteinander verbunden, ob es mir nun passt oder nicht, und manchmal gefällt es mir nicht. Aber das ist in Ordnung, denn ihm macht es nichts aus, er beklagt sich nicht und ist auch nicht beleidigt. Er bleibt einfach immer da. Ja, er macht es mir sehr schwer, ihn zu ignorieren.

Es ist mir wichtig, jetzt gleich hier am Anfang auf ein bedeutendes Detail hinzuweisen. Engel haben an sich kein Geschlecht, und sie sind auch nicht physisch. Auch wenn sie sich gelegentlich so zeigen, sind sie dennoch reine Vibrationsenergie oder Aspekte der Quellenergie. Sie kommen auf eine Weise zu uns, die für uns nachvollziehbarer ist oder sich besser einfügt in die Art, wie wir uns auf ihre Vibrationsenergie ausrichten. Deshalb zeigt sich Uriel mir als männliche Energie. Er hat die dominanteste männliche Energie, die mir je im Leben begegnet ist; er zeigt sich als Mann, er fühlt sich männlich an und er schenkt mir nichts anderes als seine männliche Liebe. Doch wird nicht jeder Uriels Schwingungen auf die gleiche Weise wahrnehmen. Um die Wahrheit zu sagen: Keine zwei Menschen erleben einen Engel jemals gleich. Das macht es so besonders spannend, sich auf diese, wie wir sie nennen, »Engelenergie« einzulassen, weil wir alle sehr einzigartige Beziehungen zu den Engeln und mit ihrer Energie entwickeln. Was wir glauben, wie wir die Welt, in die wir hineingeboren wurden, sehen und welche spirituellen Praktiken wir wählen, all das spielt eine Rolle dabei, wie wir uns mit Engeln verbinden. Diese Aussage mache ich natürlich nicht, um deine Vorstellungen in Zweifel zu ziehen. Ich öffne lediglich die Tür für diejenigen, die erst noch eine starke, sichere und stabile Beziehung zu jener Energie entwickeln müssen, die wir als Engel bezeichnen. Solltest du bereits mit Engeln arbeiten und dich gut damit fühlen, wie du sie siehst, wie sie sich anfühlen und wie du mit ihnen interagierst, wunderbar, dann bleib dabei. Diejenigen, die neu hinzukommen, bitte ich offenzubleiben. Gestatte es den Engeln, sich so zu präsentieren, wie sie sich am besten zu dir in Beziehung setzen können. Mach dir keine Sorgen, wenn dies nicht den Angaben anderer Werke oder des vorliegenden Buches entspricht. Bleibe aufgeschlossen und lass dich von den Engeln führen.

In vielerlei Hinsicht war Uriel der Engel, der mir den Zugang zum Reich der Engel ermöglichte, und damit meine ich, dass ich mit ihm begann und dann langsam eine Verbindung auch zu anderen Engeln herstellen konnte. Möglicherweise hast du eine ähnliche Erfahrung gemacht. Es ist durchaus denkbar, dass du dich vor allem einem Engel öffnen konntest, der dir dann die Tür auch für die Kooperation mit anderen aufschloss. Der Engel, zu dem du dich am meisten hingezogen fühlst oder der sich dir immer wieder zeigt, ist dein

Zugangsengel. Engel sind deine Führer zu der neuen Energie, die sich auf dem Planeten gerade ausbreitet und die von den Engeln als Erhöhungsenergie bezeichnet wird. Diese Energie hat, seit wir im Zeitalter der Fische leben, immer mehr Dynamik hinzugewonnen. Unsere Bereitschaft, das Geleit der Engel auf dieser Reise nach oben anzunehmen, nützt uns nicht nur als Individuen, sie hilft dem ganzen Planten und der gesamten Menschheit.

Was dir bei der Arbeit mit Engeln begegnen wird

Das Material in diesem Buch ist nur eine der zahlreichen Möglichkeiten, die Engel nutzen, um dich darin zu unterweisen, wie du dir ihre Gegenwart und ihre Lektionen der Erhöhung bewusst machen kannst. Es stellt einen Weg für sie dar, die Tür zu öffnen und sich langsam und sanft Zugang zu unserem Leben zu verschaffen. Dir gibt es die Gelegenheit, ein Gefühl für sie zu entwickeln, ohne dass du dich gleich an einen einzelnen Engel binden musst. Das Buch ist so aufgebaut, dass es dir einerseits eine bessere Wahrnehmung der Ausdrucksformen von Engelenergie in deinem Alltag gestattet und dir andererseits bestimmte einzelne Engel nahebringt. Insgesamt werden in diesem Text dreizehn Engel vorgestellt. Wenn wir uns für sie öffnen können, dann fühlt sich jeder von ihnen anders an, hat eine eigene Botschaft und lässt uns bestimmte Lektionen und Führung zuteilwerden.

Die folgende Liste enthält die Engel, die du in diesem Buch kennenlernen wirst, und die Erhöhungslektionen, die sie dir nahebringen möchten:

- Erzengel Metatron: Verwebe dein Leben mit grenzenlosen Möglichkeiten.
- Erzengel Michael: Übernimm mutig die Führung in einer neuen Zeit.
- Erzengel Jophiel: Bring die Zwillingsflammenenergie ein, um deine Beziehungen zu vertiefen.
- Erzengel Haniel: Lass dein Herz Musik für deine Ohren schaffen.
- Erzengel Samael: Entledige dich der Scheuklappen, die dein Ego dir aufsetzt.
- Erzengel Uriel: Lass los und vertrau der Veränderung.
- Erzengel Ariel: Liebe dich so, wie wir dich lieben.
- Erzengel Raziel: Das Unbekannte ist dein Führer, vertraue ihm.
- Erzengel Raguel: Du befindest dich jetzt und immer im Fluss göttlicher Fülle.
- Erzengel Raphiel: Du bist umgeben von Heilenergie.
- Erzengel Gabriel: Du bist eins mit allem.
- Erzengel Sandalphon: Wünsch dir etwas, das Universum ist ganz Ohr.
- Erzengel Zadkiel: Nutze Wertschätzung für deine Erhöhung.

Jede dieser Engelenergien hat sich ausgerichtet auf eine bestimmte Zahlenfolge; die Engel haben dies aus eigenem

Antrieb getan, von mir stammt diese Idee nicht. Ich habe sie lediglich gefragt, in welchen Lektionen sie mich unterweisen wollen, und so haben sie sich dann selbst platziert. Außerdem wollte ich wissen, wie sie die Ziffern möglichst nützlich zur Anwendung bringen würden. Du wirst feststellen, dass sich die Engel überwiegend auf Dreierkombinationen konzentriert haben. Ich bin nicht die erste Person, die im Zusammenhang mit den Engeln dreistellige Zahlenfolgen nutzt, und ich könnte schwören, dass ich auch nicht die letzte sein werde. Ich weiß nicht, wie andere Autoren zu ihren Zahlenkombinationen gekommen sind, doch für dieses Buch haben die Erzengel und ich Numerologie als Grundlage verwendet. Wir haben dies insbesondere deshalb getan, weil ich für meine eigene spirituelle Praxis ebenfalls auf die Numerologie zurückgreife. Dabei handelt es sich um eine Zahlensymbolik, mit der ich seit 2007 vertraut bin. Doch musst du dich, um mit den Zahlen in diesem Buch zurechtzukommen, nicht mit Numerologie auskennen. Wir wollten dir jedoch wenigstens erklären, wie sich diese Zahlenfolgen bei unserer Zusammenarbeit entwickelt haben, insbesondere deshalb, weil du dich sonst mit den Lektionen mancher von ihnen möglicherweise gar nicht in Verbindung bringen kannst. Denk zum Beispiel an die 666.

Ich bin mir sicher, dass manche eigene Vorstellungen von der Bedeutung dieser Zahlenfolge haben. Doch werden sie sich nicht unbedingt mit den Schlüssen decken, die wir in diesem Buch aus ihnen ziehen. Das liegt daran, dass die Engel und ich die Numerologie zum Entschlüsseln von Botschaften nutzen. Sechsen haben in der Numerologie eine ganz bestimmte Bedeutung, und diese Energie wird hier im Kapitel über die 666 verstärkt.

Im vorliegenden Buch wirst du nicht alle Zahlenkombinationen antreffen. Doch wirst du jene kennenlernen, die für dich, für dein Leben und deine Ausrichtung auf die Erhöhungsenergie der Engel den größten Nutzen haben.

Nachfolgend habe ich die wichtigsten Zahlenfolgen zusammengestellt, auf die du dich, den Wünschen der Engel zufolge, in diesem Buch vor allem konzentrieren sollst:

- 000: Jetzt, in diesem Augenblick, ist alles möglich; du musst nur meinen Würfel werfen und herausfinden, welche Portale der Möglichkeiten er öffnet.
- 111: Es ist an der Zeit anzutreten, deinen Widerstand aufzugeben und eine herzzentrierte Führungsrolle in einem oder in mehreren Bereichen deines Lebens anzunehmen.
- 222: Die Flügel von Erzengel Jophiel umfangen dich und durchtränken dich mit heilender Zwillingsflammenenergie.
- 333: Die Sprache des Herzens ist viel verspielter als die meisten Worte, die du mit deinen Ohren hörst. Lausche den Beats, groove mit dem Rhythmus und tanze dich in die Frequenz, die dein Wohlgefühl bewirkt.
- 444: Das Ego ist unablässig auf das konzentriert, was es nicht hat oder was ihm fortgenommen werden könnte. Damit beschränkt es deinen Blick und macht dich blind für die Segnungen durch das Göttliche rings um dich her.

- 555: Veränderung ist die einzige Konstante, die du im Verlauf deiner physischen Existenz erleben wirst. Freunde dich also mit ihr an, und lade sie zu dir ein.
- 666: Selbstliebe ist das größte Geschenk, das du dir selbst machen kannst. Denn wenn du dich selbst liebst, dann zeigst du der übrigen Welt, wie sie dich lieben kann.
- 777: Wenn du dich dem Unbekannten öffnest, dann werden dir Bereicherung und die Erweiterung deines Lebens zuteil.
- 888: Verharre im Fluss des Göttlichen und begreife, dass das Gesetz der Fülle in der physischen Welt bei dir seinen Anfang nimmt.
- 999: Du bist jetzt in der Frequenz der Heilenergie. Entspanne dich, atme und gestatte es der Heilung, dich zu durchdringen.
- 1010: Eigne dir das Gesetz der Einheit an, und erkenne deinen Platz in der universellen Matrix.
- 1111: Du lebst in einem freundlichen Universum, das dir alle deine Wünsche erfüllen möchte. Sprich sie also aus, vertraue darauf, dass du gehört wirst, und sei dir bewusst, dass dein Wunsch in seiner vollkommensten und göttlichsten Form zu dir zurückkehrt.
- 1212: Wertschätzung verschiebt deine Energie und richtet dich aus auf die Frequenzen der Fülle. Je stärker wir wertschätzen, desto erfolgreicher manifestieren wir ausgehend von einem Ort des erhöhten Bewusstseins.

Der Gebrauch dieses Buches

Jeder Engelzahl ist ein eigenes Kapitel zugeordnet. Es hat die nachfolgenden Unterpunkte:

- Mitteilung: Eine kurze affirmationsartige Botschaft des Engels.
- Tiefere Bedeutung der Zahlenfolge: die hintersinnige Botschaft des Engels.
- Der Erzengel: ein Abschnitt über den Engel, der dir von sich aus Informationen über die Energie einer mit ihm verbundenen Zahl oder Zahlenfolge anbietet und dich dabei unterstützt, mit dieser Energie zu arbeiten.
- Visualisierung/Meditation: eine von dem Engel angebotene Übung.
- Einen Altar einrichten: Wie du für den betreffenden Engel eine Weihestätte einrichten kannst.
- Hinweise für automatisches Schreiben: Engel übermitteln dir durch automatisches Schreiben Botschaften, die deine Verbindung zu ihnen vertiefen.
- Engelkristall: Die Zahlen- und Engelenergie kann in einem Kristall geerdet werden. Es wird ein geeignetes Mineral angegeben und eine Übung vorgeschlagen, mit deren Hilfe du diese Energie in den Stein fixieren und somit bei dir tragen kannst.
- Zusatzzahlen: Jedes Kapitel bietet einige zusätzliche Zahlenkombinationen und ihre Botschaften an. Diese Botschaften ergänzen die Energie der maßgeblichen Zahl und gewähren dir darüber hinaus einen weiteren Dialog mit

dem und Unterstützung durch den Engel, mit dem du in diesem Abschnitt gerade zusammenarbeitest. Diese Zahlen haben ihren Ursprung bei dem Engel, nicht bei mir; aber natürlich sind auch hier numerologische Gesichtspunkte die Basis für die Ausrichtung unserer Mitteilungen.

Jedes Kapitel ist als eigenständige Lektion für deine Zahl oder Zahlenfolge und den dazugehörigen Erzengel angelegt. Du musst also dieses Buch nicht von vorne bis hinten durchlesen, um davon zu profitieren. Vielmehr kannst du an jeder beliebigen Stelle anfangen und es sogar als eine Art Nachschlagewerk für die Zahlendeutung nutzen. Ich will dir ein Beispiel geben. Halte das Buch an dein Herz und mach ein paar tiefe Atemzüge. Gestatte es dir, dich in den Augenblick hinein zu entspannen und mit dem Buch in Verbindung zu treten. Frage jetzt: »Welcher Engel wünscht heute von mir, in seiner Präsenz wahrgenommen zu werden?« Dann schlägst du das Buch an einer beliebigen Stelle auf. Dort ist der Engel bezeichnet, der dich an diesem Tag begleiten möchte. Nach der Zahl, mit der er verbunden ist, wirst du im Verlauf des Tages Ausschau halten, um zu wissen, dass er zugegen ist. Lies die Mitteilung und tiefere Bedeutung und leg das Buch danach weg. Setz deinen Tag achtsam fort, und hab ein Auge darauf, wie und wann dein Engel dich seine Präsenz spüren lässt.

Eine weitere Verfahrensweise für die Verwendung dieses Buches ist, dass du ein paar Tage lang darauf achtest, welche Zahlen dir begegnen. Notiere sie, aber kümmere dich noch nicht weiter um ihre tiefere Bedeutung. Stell nach drei oder vier Tagen fest, welche Zahl am häufigsten vorkam.

Nun schlag den betreffenden Abschnitt im Buch auf, um herauszufinden, welcher Engel in den letzten Tagen deine Aufmerksamkeit auf sich lenken wollte. Finde heraus, was er dir mitzuteilen hat, und tauche ein in die Energie, die er auf dich ausgerichtet hat. Trage in einem Tagebuch die erhaltenen Hinweise ein, erde diese Energie in einem Kristall und beende den Prozess mit der vorgeschlagenen Meditation. Falls dir Rituale mehr liegen, könntest du auch nur die Gebets- und Hingabeübungen machen.

Dieses Buch steigt tief ein in die Zahlen und ihre Bedeutungen und richtet dich auf einzelne Engel aus. Somit kann dich diese einfache Arbeit so weit führen, wie du selbst es willst. Am besten ist daran, dass du nicht erst darauf warten musst, dass die Zahlen vor dir erscheinen, damit du sie dir gezielt zunutze machen kannst. Durch die Beschaffenheit des Buches steht dir ihr Sinngehalt jederzeit zur Verfügung. Möglicherweise interessierst du dich für einen bestimmten Engel in dieser Veröffentlichung besonders, also schlägst du das entsprechende Kapitel auf und arbeitest dich durch die einzelnen Abschnitte hindurch. Du kannst dabei so viel Zeit investieren, wie es dir angemessen erscheint. Du willst mit Erzengel Haniel zusammenarbeiten? Schlage das vierte Kapitel auf, erfahre alles über die mit ihm assoziierte Zahlenfolge und mach dich mit seinen Zeichen vertraut. Trage dann jeden Tag deinen Kristall bei dir, und versenke dich in seine Energie so lange, wie es sich für dich richtig anfühlt. So sehen die Praxis, die Arbeit und das lebendige Gebet aus, die dein Leben tatsächlich ist. Indem du Zeit mit den einzelnen Engeln verbringst und dich mit ihren bereitgestellten

Zahlen beschäftigst, erschaffst du außerdem deine eigene, ganz persönliche Engelbeziehung, die du selbst aus erster Hand erlebst. Sie ist deine ureigenste, wahre und vertraute Engelgeschichte. Die Engel werden dich in deinen eigenen unumschränkten Seinszustand führen, deine Welt mit Licht und Gnade erfüllen, dich auf dem Weg des Erwachens geleiten. Je mehr sich deine Energie verändert und dein Leben leichter wird, desto deutlicher siehst du die Fußabdrücke der Engel überall, wohin du auch gehst. Das ist die eigentliche Zielsetzung jeglicher spirituellen Praxis, und bei der vorliegenden ist es nicht anders. Du musst lediglich den ersten Schritt tun.

Nun hast du einige der in diesem Buch vorgestellten Verfahrensweisen kennengelernt. Ich bin sicher, dass du selbst dir noch weitere einfallen lassen wirst, um dir das hier vorgestellte Material zunutze zu machen. Dazu musst du lediglich wissen, dass es hierbei keine Vorschriften gibt, nur Erforschungen und Abenteuerlektionen, denn die Engel lieben Abenteuer.

Wie man sich mit Engeln im Rahmen der eigenen spirituellen Praxis verbindet

Die meisten Menschen bringen Engel mit Religion in Zusammenhang. Wenn man von Engeln spricht, dann wird gerne angenommen, dass man gottgläubig ist und sich irgendeiner wie auch immer gearteten religiösen Praxis unterwirft. In der Kirche oder durch andere spirituelle Unterweisungen erfährt die Mehrzahl der Menschen zum ersten Mal etwas von diesen himmlischen Wesen. So jedenfalls ist es bei mir gewesen, die ich katholisch erzogen wurde. Genau diese Verknüpfung mit meiner Religion und ihren Dogmen ließ mich meine ersten Begegnungen mit Engeln zunächst ablehnen. Ich wollte nichts Religiöses in meinem Leben haben, das für meine Begriffe Vorurteile zu Geschlechterrollen, Rassismus und Homosexualität transportierte. Für mich war Religion etwas, das alle Menschen über einen Kamm schert und unter Androhung des Höllenfeuers auf dem Befolgen seiner Regeln und Codes beharrt. In den Engeln sah ich damals, wenn man so will, religiöse Gesetzeshüter oder die Polizei Gottes. Ich war nicht eben freundlich, als sie anfingen, sich in meinem Leben Gehör zu verschaffen. Mir waren reichlich negative Bilder und Geschichten dazu mit auf den Weg gegeben worden, wer und was Engel sind und welche Rolle sie in der Ordnung des Universums spielen.

Doch Uriel ignorierte meine unumwundene Ablehnung. Er blieb. Ich erzählte einer Freundin davon, und sie riet mir, den Engel doch erst einmal anzuhören. Vielleicht hätte er eine Botschaft und würde mich in Ruhe lassen, sobald sie übermittelt sei. Also gab ich nach in der Hoffnung, dass die Engel verschwinden würden, sobald sie mir ihre Mitteilungen gemacht haben würden. Doch so lief es nicht ab. Es dauerte lange, bis ich begriff, dass ich diejenige mit den Vorurteilen war, nicht die Engel. Ich hatte es zugelassen, dass von Menschen erdachte religiöse Geschichten meine Vorstellungen eintrüben. Ich hatte mich von allem zu verabschieden, was ich über Engel zu wissen meinte, und ganz neu zu lernen, doch dieses Mal von den Engeln selbst. Meine Widerstände gegen ihre Geschichten musste ich aufgeben und sie selbst auf ihre Art und zu ihren Bedingungen von sich berichten lassen.

Bei dieser Gelegenheit lernte ich viel über Handlungskompetenz und die Macht, die darin steckt, wenn man selbst seine Geschichte erzählt. So wie die Engel haben viele von uns es anderen gestattet, Meinungen über uns zu verbreiten. Wir sind zu Figuren in ihren Erzählungen geworden, die mitunter sehr weit von der Person entfernt sind, die wir eigentlich sind. Um die Kluft zwischen dem tatsächlichen Selbst und der Figur überbrücken zu können, wäre jemand erforderlich, der eine echte Bereitschaft zum Zuhören mitbringt. Also gab ich den Engeln die Gelegenheit, mir etwas mitzuteilen, und hörte ihnen zu, denn letztlich war das ja genau das, was ich mir für mich selbst von anderen wünschte. Ich hoffte, dass irgendjemand irgendwo irgendwann einmal dazu bereit sein würde, meine Geschichte zu bezeugen. In vielerlei Hinsicht beschreibt dies die Art und Weise, wie die Arbeit mit den erhöhenden Zahlen der Engel funktioniert. Sie sind Bestandteile des Wiedererzählens und der Geschichten, die die Engel, indem sie mich und dieses Buch dazu nutzen, über sich und dich mitteilen wollen.

Und damit erreiche ich einen sehr wichtigen Punkt: Interpretiere das, was ich in diesem Buch sage, nicht als etwas Unverrückbares. Sollte etwas, was du hier liest, mit dir unvereinbar sein, dann tritt vor und öffne dich, damit die Engel selbst mit dir in Verbindung treten können. Gestatte es ihnen, sich direkt an dich zu wenden, in deiner Sprache und durch deine eigenen persönlichen Überzeugungen. Wie sie mit dir sprechen, kann sich stark davon unterscheiden, was sie mir sagen. Allerdings musst du dich öffnen und zuhören.

Ich gebe mir große Mühe, meine eigenen Überzeugungen und Vorurteile nicht in ihre Worte hineinzuinterpretieren. Dazu musste ich lernen, wie ich in meiner Arbeit mit ihnen ein leeres Gefäß und Bestandteil einer umfassenderen spirituellen Praxis sein kann. Das war nicht immer leicht und ist auf keinen Fall ein abgeschlossener Prozess. Hier liegt eine der Ursachen dafür, warum ich so lange gebraucht habe, mich hinzusetzen und mit ihrer Hilfe ein neues Buch zu schreiben. Ich musste erst zu der Überzeugung gelangen, dass ich am richtigen Ort angelangt war, um als Übermittlerin ihrer Botschaften zu dienen. Die Engel verfügen auf jeden Fall über die erforderliche Kopffreiheit, sind immer klar und vorurteilslos. Nur wir Menschen müssen erst unseren Kopf geradegerückt bekommen, was mich zum Gebrauch des Begriffs »Gott« – oder Quelle, Göttliches, Göttin – in diesem Buch führt. Wenn die Engel von Gott sprechen, dann nicht von dem, der dir in der Kirche vermittelt wurde. Der Gott, den sie meinen, ist eine Energie, eine kreative, umfassende Kraft, die alles durchdringt. Gott ist ein Teil von allem. Ich habe lange gebraucht, mich damit abzufinden, da ich, wenn ich ehrlich bin, eher gegen Gott eingestellt bin. Also musste ich nicht nur alles über die Engel, sondern auch über Gott neu lernen.

Auf deinem Weg durch dieses Buch wirst du möglicherweise die Erfahrung machen, dass du dich von Dingen verabschieden musst, an denen du lange festgehalten hast.

Vielleicht spürst du das Bedürfnis, dein Leben um neu erworbenes Wissen zu bereichern. Dinge, derer du dir vorher sicher warst, fühlen sich vielleicht nicht mehr ganz so hundertprozentig an. Wenn man sich auf diese Reise begibt, dann sind solche Veränderungen vollkommen normal. Deshalb bitte ich dich, dieses Buch nicht mit anderen zum gleichen Thema zu vergleichen. Betrachte sie alle lieber als Begleiter, die dir alle ihre eigene Version der gleichen Geschichte erzählen, wobei jeder von ihnen verschiedene, aber eben auch gemeinsame Themen bearbeitet. Alles Geschriebene entspringt verschiedenen Gefäßen, deren Ausrichtung sich unterscheidet. Jedes Buch ist einfach nur ein eigenes Kapitel in einer viel umfassenderen Geschichte. Das gilt auch für dieses Buch und für deine persönlichen Erfahrungen mit den Engeln. Doch wenn wir sie alle zusammensetzen, dann erschaffen wir das Mosaik eines umfassenderen Gesprächs, das täglich neue Menschen anzieht. So funktioniert kollektives Bewusstsein. Wir alle haben unsere Aufgabe beim Weben der Geschichte und bei der Erhöhung der Frequenz.

Denjenigen, die ihre Religion praktizieren, sei gesagt, dass die Engel sich auf euch einstellen und auf euren Glauben ausrichten werden. Nur solltest du nicht erwarten, dass sie sich so verhalten, wie deine Religion es vorschreibt, denn in diesem Fall könntest du enttäuscht werden. Solltest du eine Einstellung haben, die meiner ähnelt, dich von der Gängelung der Religion befreit und dir dennoch deinen Glauben bewahrt zu haben, dann wirst du vielleicht auch deine Denkweise anpassen müssen. Die Engel werden für dich eine größere Herausforderung darstellen, nicht deshalb, weil irgendetwas mit dir nicht stimmt, sondern weil du dich möglicherweise mehr sträubst und stärkeren Widerstand aufbietest. Gehörst du zu denjenigen Menschen, die gar nicht religiös sind und sich wundern, wie um alles in der Welt ihnen ausgerechnet dieses Buch in die Hände gefallen ist, dann sei herzlich willkommen. Du stellst für die Engel die ideale weiße Leinwand dar, auf der sie ihre Wunder in deinem Leben bewirken können. Gleichgültig, welcher Gruppe wir uns zugehörig fühlen, diese Arbeit ist eine zutiefst persönliche spirituelle Praxis, die uns einzigartige Erfahrungen ermöglicht.

Lass uns kurz innehalten und der Frage nachgehen, was »spirituelle *Praxis*« überhaupt bedeutet. Praxis heißt, dass du jeden, wirklich jeden Tag etwas Praktisches tust. Es ist nicht mit einem Mal getan oder mit einem gelegentlichen Wochenendkurs, an dessen Ende dir ein schickes Zertifikat ausgehändigt wird. Praxis ist es nur dann, wenn es täglich erfolgt oder wenigstens so häufig, dass eine Gewohnheit daraus entstehen kann, die Schwung in dein Leben bringt. Ich gehöre nicht zu denjenigen, die darüber predigen dürfen, dass man irgendetwas konsequent jeden Tag tun soll, doch, was ich tue, kann man dennoch mit gutem Gewissen als Praxis bezeichnen. Die erhöhenden Zahlen wirken deshalb so gut, weil du sie jeden Tag vor Augen haben und sie an den meisten Tagen mit einbeziehen wirst. Es fällt leicht, sich Zahlen bewusst zu machen. Wir sehen sie auf unseren Uhren und Telefonen, an der Mikrowelle und auf den Nummernschildern der Autos. Überall, wohin wir auch gehen, gibt es Zahlen. Die Arbeit mit den erhöhenden Zahlen der Engel ist eine der leichtesten spirituellen Praktiken, die man sich vorstellen kann. Deshalb drängen mich die Engel seit Jahren dazu, dieses Buch zu schreiben, und deshalb ist es auch nicht nur angefüllt mit Affirmationen und numerologischen Informationsschnipseln, wenngleich nichts gegen diese Herangehensweise spricht und ich sie als Begleitung für diese Veröffentlichung empfehle.

Womit ich einen letzten wichtigen Punkt erreicht habe. Auf deinem Weg durch dieses Buch mag dir mein Widerstand gegen meine Zusammenarbeit mit den Engeln auffallen. Ich war schon immer rebellisch und bin es noch. Du hast keine Vorstellung davon, welches Glück du hast, dieses Buch in Händen zu halten, denn ich kann mir nicht vorstellen, jemals noch mehr über Engel zu schreiben. Mir widerstrebt diese Arbeit so sehr, dass ich nie auch nur irgendetwas über Engel recherchiert habe. Sie tauchen auf, arbeiten eine Weile mit mir und ziehen dann weiter. Es geht schnell, ist sauber und wir produzieren keinen emotionalen Ballast. Als ich mich also hinsetzte, um dieses Buch zu schreiben, zweifelte ich an meinem Wissen und an meiner Expertise im Hinblick auf dieses Thema. Das veranlasste mich dazu, stundenlang im Internet zu den einzelnen Engeln in dieser Veröffentlichung zu recherchieren. Außerdem kaufte ich mir etwa zehn Ratgeber zum Thema. Keiner von ihnen hat mir oder dem Buch wirklich etwas genutzt. Doch wenigstens fand ich auf diese Weise heraus, welches Vorwissen meine zukünftigen Leser in etwa haben würden. In dieser Hinsicht war mein Streifzug nützlicher, als ich es ursprünglich vermutet hatte. Da ich auf keines der Bücher und keine der Webseiten direkt Bezug nehme, will ich hier ein paar Empfehlungen aussprechen, falls du dir noch eine weitere Perspektive wünschst. Wirklich gut gefiel mir *Hallo Engel! Energie und Heilung erfahren durch das Wunder des Gebets* von Kyle Gray. Außerdem mochte ich *A Dictionary of Angels Including the Fallen Angels* von Gustav Davidson. (Leider liegt es nicht in deutscher Übersetzung vor.) Diese beiden Werke habe ich in meine Bibliothek aufgenommen. Mir gefallen sie, und ich könnte mir vorstellen, dass es dir ebenso geht.

Die Arbeit mit diesem Buch

Jedes der Kapitel in diesem Buch enthält Übungen, Rituale und Tagebuchaufgaben zu den einzelnen Zahlen und Engeln. Vielleicht werden dir die Sprache und Begrifflichkeit bereits vertraut sein, und du fühlst dich mit ihnen und mit den vorgeschlagenen Übungen schon wohl. Solltest du jedoch mit diesem Buch zum ersten Mal solchen Worten begegnen und nie zuvor vergleichbare Übungen im Rahmen einer üblichen spirituellen Praxis gemacht haben, werde ich dir ihren Sinn erschließen und dich geleiten. Was immer auch auf dich zutreffen sollte, die Erzengel und ich werden bei deiner Arbeit mit den fünf Aspekten in den Kapiteln – Altararbeit, Gebet, Heilung, automatisches Schreiben und Chakren – an deiner Seite sein. Natürlich gibt es kein falsch oder richtig beim Umgang mit diesen Vorstellungen oder Tätigkeiten, und die Einzelbereiche und die Struktur des Buches werden sich dir rasch erschließen.

Vor dem Altar

Möglicherweise stellt das Einrichten eines Altars für dich eine normale und natürliche Angelegenheit dar, und du hast bereits einen oder sogar mehrere in deiner Wohnung. Doch wenn du zum ersten Mal mit dem Thema konfrontiert bist, magst du dich anfangs vielleicht nicht so leicht zurechtfinden. Ein Altar stellt einen geheiligten Raum dar. Er befindet sich an einem für die spirituelle Andacht oder die Magiearbeit bewusst ausgewählten Platz. Vielleicht fühlst du dich an diesem Ort besonders frei, um deine Bedürfnisse und Wünsche an das Universum auszusprechen. Oder du wirkst dort deinen Zauber oder ehrst die jahreszeitlichen Veränderungen. Ich habe sogar einen eigenen Altar für die Meditation. Der Sinn des Altars besteht darin, dass du mit ihm über einen eigens eingerichteten Bereich verfügst, wo du fokussiert und dir deines spirituellen Selbst gegenwärtig sein oder magische Arbeit tun kannst. Altäre können klein oder groß sein.

Die Größe und die Einrichtung eines Altars sind in keiner Weise reguliert. Manch ein Altar besteht aus nichts als einer Vase mit Blumen, einer Kerze und einer kleinen Figur wie etwa einem Engel oder einer anderen Gottheit. Er kann sich in oder auf einem Bücherregal befinden, auf einem Fensterbrett oder sogar auf deinem Nachttisch. Oder er ist groß und aufwendig gestaltet mit Kristallen, mehreren Kerzen, Statuen, Geld, Federn, Bildern, Kränzen, Pflanzen oder Fundstücken. Manche Gegenstände befinden sich mit Vorbedacht auf deinem Altar: etwa schützendes Salz oder Erde, um deine Wünsche, Gebete, Sprüche oder Zielsetzungen in der physischen Ebene zu erden, oder auch bestimmte Minerale, um gezielt Energie aufzubauen. Andere Objekte sollen eventuell nur schmücken oder ästhetisch wirken. In diesem Buch wirst du auf zahlreiche unterschiedliche Vorschläge zum Einrichten eines Altars für die einzelnen Engel stoßen. Ich rate dir dringend, irgendwo in deinem Heim einen eigenen Engelaltar einzurichten und für den jeweiligen Engel anzupassen, mit dem du gerade arbeitest. Deinen Altar mit einer bestimmten Intention zu verbinden, erdet seine Kraft und fokussiert und reinigt deine Energie, sobald du vor ihn trittst, um deine Andachtsarbeit zu tun. Deshalb haben manche Menschen mehrere Altäre in ihrem Zuhause verteilt und nutzen alle gleichzeitig. Wenn ich vor meinen Zauberaltar trete, dann weiß ich, dass ich jetzt Zauberarbeit tun will. Vor meinem Meditationsaltar kann ich mich jedoch eher auf meine Meditation konzentrieren. Und wenn ich die Kerze auf meinem Göttinnenaltar anzünde, dann gelingt es mir besser, mich auf die Arbeit mit dem Heiligweiblichen einzulassen.

Ich glaube, du hast verstanden, worum es hier geht, und ich möchte, dass du diese Vorstellungen bei der Einrichtung deiner Engelaltäre im Hinterkopf behältst. Sorge dafür, dass sie etwas Persönliches und Zielgerichtetes sind. Damit unterstützt du deine Zusammenarbeit mit den Engeln und vertiefst deinen Zugang zur praktischen Arbeit mit den erhöhenden Engelzahlen. In jedem Engelkapitel gibt es einen eigenen Abschnitt zur Einrichtung eines Altars. Mach dir also keine Sorgen, falls du dich hier zum ersten Mal mit diesem Thema beschäftigst. Auch wenn es ausreichend Hinweise und Ratschläge zu Altären gibt, sollst du dich frei fühlen, dennoch so spielerisch, wie du es willst, bei der Einrichtung vorzugehen. Ein Altar soll etwas ganz Persönliches und in vielerlei Hinsicht eine Erweiterung deines heiligen Selbst sein. Genieße also dein Tun, vertraue deinem Bauchgefühl und lass dich von den Engeln bei deiner Altararbeit führen.

Im Gebet

Das Gebet ist eine Kommunikationsform zwischen uns und dem Göttlichen. Wir nutzen es, wenn wir Rat suchen bei dem höheren Wesen, das uns, wie wir meinen, geschaffen hat oder von dem wir hoffen, dass es uns helfen kann. Das Gebet ist eine Form von spiritueller Magie und funktioniert genau so wie ein Zauberspruch. Die Energie ist die gleiche, nur die Worte unterscheiden sich. Im Buch werden die beiden Begriffe oft bedeutungsgleich verwendet. Das geschieht, damit du dich an sie gleichermaßen gewöhnst. Außerdem wird dir vielleicht auffallen, dass Gebete und Zaubersprüche eher wie Affirmationen oder Dankesbezeugungen formuliert sind. Anders gesagt, sie sind so gefasst, als sei dein Wunsch bereits erfüllt. Dieses »vorauseilende Danken« ist ein Trick, den die Engel nur zu gerne all denjenigen empfehlen, die bereit sind, ihnen zuzuhören. Mit ihm verwandelt sich ein Gebet, eine Bitte oder ein Flehen in Dankbarkeit, Befreiung und Wertschätzung.

Diese Art von Gebet unterscheidet sich deutlich von der, die ich in meiner Kindheit in der katholischen Kirche kennengelernt habe. Außerdem hat das Beten kniend auf dem harten Boden, vornübergebeugt und mit gefalteten Händen in mir keine Hoffnung geweckt und war auch nicht von Freude erfüllt. Vielmehr war es von Angst getragen. Diese Art von Energie aber wollen wir durch unsere Gebete und Zaubersprüche nicht ins Universum hinaustragen. Durchgehend in diesem Buch erinnere ich dich daran: »Danken ist nach vorn gerichtet.« Mit diesem Gedanken im Hinterkopf sind alle meine Mitteilungen in den verbindenden Übungen in sämtlichen Kapiteln formuliert. Die Engel haben dich wirklich von dem ganzen Rätselraten befreit, indem sie jede einzelne Seite mit der Energie der Dankbarkeit angereichert haben. Solltest du jedoch über dieses Buch und über das, was du darin gelernt hast, hinausgehen und deine Praxis vertiefen wollen, dann könntest du sie in andere Bereiche deines Lebens übertragen. Nutze vorauseilendes Danken bei der Heilung, und erschaffe damit Fülle, Freude und Glück.

Beten soll fortgesetzt erfolgen. Wir sind nie wirklich damit fertig oder fangen eigentlich auch nie irgendwann damit an, weil wir uns ununterbrochen in die Hand des Göttlichen begeben und dies mit einem dankbaren Herzen tun sollten. In jedem Kapitel wirst du auf Gebete stoßen, die vorformuliert sind. Nutze sie in ihrer vollständigen Form oder um dir aus ihnen oder ihren Bestandteilen eigene, persönlichere Gebete zusammenzustellen. Wie alles andere in diesem Buch sind sie als Anregung oder Anhaltspunkt gedacht, aber nicht als der Weisheit letzter Schluss zu betrachten. Öffne dein Herz, und fühle dich ein in deine Gebetsarbeit, denn je tiefer du dich mit den Worten der Dankbarkeit verbindest, desto kraftvoller werden sie ins Universum getragen. Spüre deine Gebete in deinem Herzen und heiße die Engel in deinem Leben willkommen.

Die Heilung

Im Verlauf dieses Buches stößt du sehr oft auf das Wort »Heilung«. Ich halte es für wichtig, darüber zu sprechen, was der Begriff in dieser Veröffentlichung und in der Zusammenarbeit mit den Engeln bedeutet. Erstens, nichts in diesem Werk kann professionelle medizinische Beratung ersetzen. Wende dich mit Gesundheitsproblemen grundsätzlich an einen Facharzt und für die Verarbeitung von traumatischen Erfahrungen an einen Psychotherapeuten. Die in diesem Buch vorgestellte Heilarbeit ist eine gute Ergänzung der Behandlungen, die du mit deinem Arzt oder Therapeuten machst. Sie soll das unterstützen, womit du dich jetzt bereits auseinandersetzt, und die in Gang gebrachte Heilarbeit verstärken.

Die Engel definieren Heilung als ein Verfahren, das es dir gestattet, dich neu auf die Frequenz von grenzenloser und bedingungsloser Gesundheit sowie von Wohlergehen auszurichten. Sie ist ein Schwingungserleben, die deinen Seinszustand verschiebt, deinem Geist eine neue Richtung gibt und die instinktive Selbstheilungsfähigkeit deines Körpers fördert. Die Engel und die auf Erhöhung abzielenden Zahlen verstärken also das Gesundheitsteam, das dir bereits zur Verfügung steht. Die Engel raten dir, dieses für deine

Gesundheit und dein Wohlergehen zuständige Team in dir zu unterstützen. Wie überall in unserer physischen Welt ermöglicht die Zusammenarbeit auch in der Heilung eine wirkungsvolle Steigerung. Je mehr Anfeuerer und Vorkämpfer du in deiner Gesundheits- und Wohlergehensecke auf deiner Seite hast, desto leichter fällt es dir, dich im Fluss der Heilenergie zu halten. Als Coach veranlasse ich meine Klienten oft, zu ihrem eigenen Besten herauszufinden, wer ihr für Heilung zuständiger Engel ist, damit sie ihn in ihr Heilteam aufnehmen können. Bei der Fortsetzung unserer gemeinsamen Arbeit werden wir noch feststellen, wie sehr die Hinzufügung dieses einen Elements die Empfänglichkeit für Heilung im Leben vergrößert. Man könnte also sagen, dass es bei der Heilarbeit in diesem Buch mehr darum geht, deine inneren Widerstände gegen deine Gesundheit und dein Wohlergehen abzubauen, denn je besser dies gelingt, desto gesünder wirst du dich fühlen. Je rascher du dich von deiner alten Krankheitsgeschichte befreist und stattdessen deine neue Gesundheit lebst, desto leichter kann die Arbeit des Arztes zu deinem Wohl greifen.

Die Heilarbeit, die du im Verlauf dieses Buches betreibst, macht dir die gemeinschaftliche Wirkung deines Heilteams bewusst. Je deutlicher du deinen Platz in der gemeinsamen Heilungserfahrung wahrnimmst, desto besser können Körper, Geist und Seele Heilenergie aufnehmen. Jedes Mal, wenn du in diesem Buch auf das Wort »Heilung« stößt, soll es dich erinnern, dass dein Gesundheits- und Wohlergehensteam da ist, um dich zu unterstützen und um dich tiefer und breiter in deine Heilarbeit zu führen. Diejenigen von euch, die selbst als Heiler arbeiten, können die betreffenden Abschnitte nutzen, um ihre eigene Heilenergie zu erneuern und zu verstärken, denn wer bei optimaler Gesundheit ist, der kann für sich und seine Klienten das Beste tun. Heilung ist eine immer präsente Energie. Sie bearbeitet uns ohne Unterlass, umströmt uns und wirkt durch uns. Gleichgültig, was auch in unserem Leben geschieht, wir werden von Heilenergie beeinflusst. Bleib offen, vertraue dich der Führung durch die Engel an und gestatte es ihnen, dich im Fluss der Heilenergie zu halten.

Automatisches Schreiben

In den nachfolgenden Kapiteln dieses Buches wirst du immer wieder zu automatischem Schreiben eingeladen, und deshalb will ich erst einmal erklären, was der Begriff im Rahmen dieser Veröffentlichung und bei deiner Arbeit mit Engeln und ihren Zahlen bedeutet. Automatisches Schreiben ist eine intuitive Praxis. Sie findet Einsatz, damit Menschen sich leichter dem Geist öffnen und sich besser darauf einlassen, Mitteilungen von nichtphysischen Wesen zu empfangen. Ich halte es für eine so ausschlaggebende Praxis, dass ich sie allen meinen Channeling-Schülern nahebringe. Man könnte sagen, dass die Mehrheit der Bücher durch automatisches Schreiben entsteht. In der Romanliteratur werden die Charaktere dem Autor eingegeben, meistens in Verbindung mit Hinweisen auf ihre Wünsche. Bei Sachbüchern beginnen wir immer mit Fragen zu unseren Themen und gestatten es dann der betreffenden Energie, uns in unserer Recherche und in unserem Schreiben zu leiten. Die Aufforderungen zu automatischem Schreiben in diesem Buch funktionieren auf die gleiche Weise. Die Engel können entweder Figuren in deiner Lebensgeschichte sein oder ein Bestandteil deiner Gesamtrecherche. Du hast die Wahl.

Der Schlüssel zum automatischen Schreiben ist die Bereitschaft, die Energie unverändert fließen zu lassen. Gestatte es den Worten, sich über die Seite zu ergießen, und mach dir erst später Gedanken darüber, was sie bedeuten könnten. In diesem Buch erhältst du in jedem Kapitel Aufforderungen zum automatischen Schreiben. Dann setzt du dich vor ein leeres Blatt Papier und beginnst zu schreiben. Wenn es dir so leichter gelingt, kannst du die Augen schließen, dich mit ein paar tiefen Atemzügen sammeln und sehen, wie die Frage hinauf zu den Engeln gelangt. Dann nimmst du deinen Stift und lässt die Antwort durch dein Kronen-Chakra, deinen Arm entlang, durch deine Finger und aus dem Stift hinausfließen. Setze dein Schreiben so lange fort, bis du meinst, der Energiefluss sei zum Erliegen gekommen oder die Antwort sei abgeschlossen. Falls du der Antwort tiefer nachspüren möchtest, kannst du das schriftlich in deinem Tagebuch tun. Solltest du dich mit Orakel- oder Tarotkarten beschäftigen, möchtest du vielleicht eine Karte im Hinblick auf das von dir Aufgeschriebene ziehen, um noch tiefer in das Mitgeteilte einzudringen. Auch dies ist Bestandteil des automatischen Schreibens.

Mach dir nicht zu viele Sorgen, wenn es dir anfangs nicht gleich gut gelingt, eine Verbindung herzustellen, oder du nur ein paar Worte aufschreibst. Bei Anfängern ist das alles vollkommen normal. Aber du musst dranbleiben. Je länger du dich mit dem automatischen Schreiben auseinandersetzt, desto mehr Worte wirst du aufs Papier bringen und desto stärker wird deine Verbindung sein. Beim automatischen Schreiben kann man nichts falsch oder besonders gut machen. Du tauchst ein, und dann siehst du, was passiert. Es ist ein großes Glück, dass den Engeln automatisches Schreiben liegt. Sie werden geduldig und freundlich sein, während du lernst, mit ihnen zu kommunizieren. Folge ihren Hinweisen und lass dich von ihnen führen.

Die Chakren

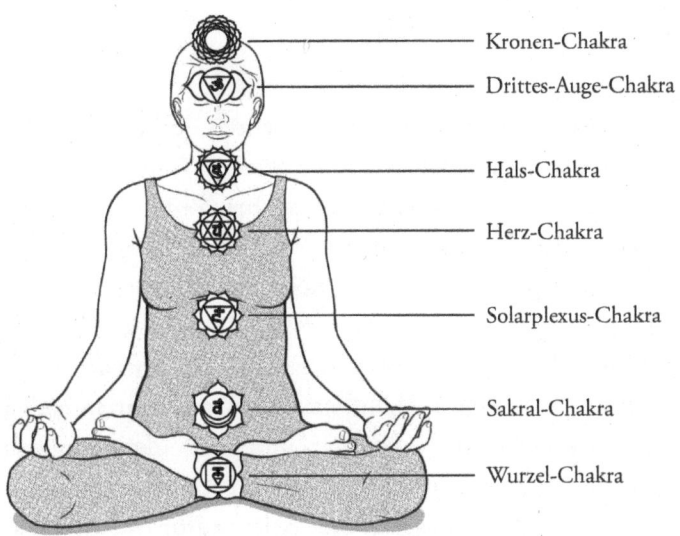

Du wirst feststellen, dass ich im Verlauf des Buches gelegentlich die Chakren erwähne. Denjenigen von euch, die zum ersten Mal von diesen Energiezentren hören, möchte ich hier eine kurze Einführung geben und erklären, wie sie mit den übrigen Inhalten dieses Buches in Zusammenhang stehen. Einfach gesagt sind Chakren Energieknoten, die sich wie Räder im Körper drehen. Die sieben nachfolgenden Chakren sind besonders wichtig:

1. Kronen-Chakra
2. Drittes-Auge-Chakra
3. Hals-Chakra
4. Herz-Chakra
5. Solarplexus-Chakra
6. Sakral-Chakra
7. Wurzel-Chakra

Diese Energiezentren erfüllen wichtige Funktionen im Körper und ermöglichen es uns, unsere Gesundheit aufrechtzuerhalten und unser Wohlergehen zu bewahren. Das Wurzel-Chakra, das sich am untersten Ende der Wirbelsäule befindet, zieht Energie in den Körper und befördert sie bis zum Kronen-Chakra. Es sorgt dafür, dass sich die Energie im physischen wie im energetischen Körper verteilt. Insbesondere die östlichen Traditionen sind seit Jahrtausenden mit den Energiezentren vertraut, und sie werden vorrangig für Heilung, Meditation und Selbstverwirklichung genutzt. Obgleich die Chakra-Arbeit in vielen europäischen Heilsystemen inzwischen zu den Grundlagen gehört, ist sie in westlichen Kulturen relativ neu und hauptsächlich in der Esoterikszene und bei Heilpraktikern bekannt. Ich beziehe die Chakren in dieses Buch mit ein, weil es in meiner Zusammenarbeit mit den Engeln um Energieheilung geht. Wir haben im Verlauf der Jahre fast ausschließlich mit dem Chakra-System gearbeitet, und für mich gehören Chakren, Engel, Meditation, Kristalle und Zahlen einfach zusammen. Aber natürlich ist dies kein Buch über Chakren. Auf den nachfolgenden Seiten wirst du keine ausführliche Information über Chakren finden. Ich habe aber ein Buch genau zu diesen Fragestellungen geschrieben, falls du das Thema und deine Chakra-Arbeit vertiefen möchtest: *Tarot Healer: Using the Cards to Deepen Your Chakra Healing Work*.

Die Geburtsengelzahlen

In diesem Buch befassen wir uns mit Engeln und mit den Zahlen, die mit ihnen in Verbindung gebracht werden. Du wirst auf Übungen zur Herstellung des Kontakts, auf Rituale und Kristallmagie stoßen. Bisher habe ich dir keine Richtlinien dazu gegeben, wie, wo und wann du mit den in diesem Buch genannten Zahlen in Berührung kommst. Am häufigsten stoßen wir auf Zahlen auf Uhren, die wir überall haben: in deinem Handy, im Auto, an der Mikrowelle, an der Wand und, falls du eine Armbanduhr trägst, an deinem Arm. Immer wieder nenne ich außerdem Kfz-Kennzeichen, doch Telefonnummern und Quittungen für Waren und Dienstleistungen sind gleichfalls Beispiele, in denen dir

Zahlen begegnen. In der Zusammenarbeit mit einem Klienten spielte sogar einmal eine Ratenzahlung für ein Auto eine Rolle: 333,33 Dollar! Es geht um Zahlen, die dir zufällig in alltäglichen Situationen begegnen. Um auf diese Art von Zahlen zu stoßen, musst du dich nicht besonders anstrengen, doch es gibt auch andere, die dich noch tiefer mit den Engeln verbinden. In diesem Abschnitt wollen wir uns mit einigen von ihnen befassen und herausfinden, welche deine Geburtsengel sind.

Für manche wird dies ein einfacher Prozess sein, und dir werden deine Zahlen ins Auge springen, sobald du dein Geburtsdatum aufschreibst. Andere müssen sich erst mit ihrer Geburtsnumerologie befassen. Die Engel treten durch deine Geburtszeit in Erscheinung, durch deinen Geburtstag oder vielleicht auch in der Telefonnummer deines Geburtskrankenhauses oder deines Geburtsorts. Bei manchen Menschen können es zwei oder drei Engel sein, die sich im Datum, in der Uhrzeit, der Telefonnummer des Krankenhauses oder des Hauses, in dem sie geboren wurden, zeigen. Wenn es dir so wie mir ergeht, dann musst du in dieser Inkarnation besonders intensiv beschützt werden und du hast deshalb mit großer Gewissheit mehr als nur einen Geburtsengel! Auf jeden Fall gibt es verschiedene Methoden, um herauszufinden, welche Engel zu dem Zeitpunkt anwesend waren, als du in eine physische Form zurückgekehrt bist.

Bei mir war es Uriel, weil mein numerologisches Profil eine sehr ungewöhnliche Häufung von Fünfen aufweist. Außerdem war Raziel bei meiner Geburt zugegen, denn ich habe drei Siebenen in meinem Geburtsdatum. Die Bedeutung dieser Bezüge wurde mir erst bewusst, als ich 2008 auf einer New-Age-Messe in Buffalo, New York, zum ersten Mal einem Numerologen begegnete. Seine Faszination mit meinen Zahlen setzte mein tiefes Interesse für numerologische Zusammenhänge in Gang. Seither kann ich keine Zahlenfolge ansehen, ohne nach Mustern, Codes, Schwingungsverläufen und, im späteren Verlauf meiner spirituellen Reise, nach Engeln zu forschen. Wer weiß, vielleicht geht es dir nach der Lektüre dieses Buches ja ähnlich.

Lass uns mit deinem Geburtsdatum beginnen, mit dem du deinen Geburtsengel am leichtesten findest. Ich hatte es mit Klienten zu tun, die am zwölften Tag des zwölften Monats auf die Welt gekommen sind: 12.12. Hallo Erzengel Zadkiel! Ein anderer meiner Klienten wurde am 18. Tag des achten Monats im Jahr 1968 geboren: 888. Hallo Erzengel Raguel! Und wenn du dein Geburtsdatum aufschreibst, fallen dir dann auch typische Engelzahlen auf? Mach dir keine Sorgen, wenn du sie nicht sofort erkennst, denn du könntest ein Geburtsdatum wie ich haben, bei dem du zuerst ein wenig einfache Mathematik betreiben musst, bevor sie sichtbar werden. Ich kam am 16. Tag des siebten Monats im Jahr 1972 zur Welt. Auf den ersten Blick kann man die drei Siebenen nicht erkennen, doch mein schottischer Numerologielehrer hat mir klargemacht, dass 16 eigentlich eine Sieben ist, die sich lediglich verbirgt. Numerologen konzentrieren sich nicht auf zweistellige, sondern auf einstellige Zahlen, es sei denn, wir suchen nach der Meister- oder der Karmaschuldzahl, die zweistellig ist. Doch mit solchen Spitzfindigkeiten sind wir hier nicht befasst. Nun, da wir die dritte Sieben ermittelt haben, tritt uns die 777-Kombination klar vor Augen. Untersuche also auch du dein Geburtsdatum, um deine vielleicht verborgenen Zahlen zu finden. Vielleicht musst du dazu dein Geburtsdatum sogar auf eine einzige Ziffer reduzieren. Versuch es und stell dein Ergebnis fest. Deine Geburtsengelzahl muss nicht einmal unbedingt dreistellig sein, vielleicht siehst du erst nur zwei gleiche Zahlen. Ich rate dazu, zunächst die beiden gleichen Zahlen in deinem Geburtsdatum herauszuschreiben und dann alle übrigen zu addieren, bis das Ergebnis einstellig ist. Wenn es zu deinem Ergebnis passt, dann hast du deinen Engel schon gefunden.

Hier ein Beispiel. Angenommen, du wurdest am zweiten Tag des zweiten Monats im Jahr 1951 geboren. Daraus ergibt sich folgende mathematische Gleichung: 2 + 2 + 1 + 9 + 5 + 1 = 2. Also bitte, damit lautet dein Ergebnis 222! Hallo Erzengel Jophiel!

Noch ein weiteres Beispiel. Wir stellen uns vor, dass du am 26. Tag des sechsten Monats im Jahr 1987 zur Welt gekommen bist. Die Gleichung lautet also 2 + 6 + 6 + 1 + 9 + 8 + 7 = 39 = 3 + 9 = 12 = 1 + 2 = 3. Verbinde deine Drei mit den beiden Sechsen, und dein Ergebnis ist 663. Wenn du zu dem Kapitel über Ariel blätterst, wirst du sehen, dass die Zahl eine derjenigen ist, die Ariel zugeordnet sind. Damit haben wir deinen Geburtsengel ermittelt. Wie gesagt, manchmal muss man ein paar kleine Rechenaufgaben bewältigen. Mitunter kann es wirklich erforderlich werden, dass man es den Zahlen gestattet, die Karte auf den Tisch zu legen. Aber am Ende hat man immer ein Ergebnis.

Mach dir keine Sorgen, falls du keine sichtbaren oder verborgenen Engel in deinem Geburtsdatum findest. Allem Anschein nach sind gerade diejenigen, an die wir ständig erinnert werden müssen, ganz offensichtlich. Denk nur daran, wie oft von dir verlangt wird, dein Geburtsdatum niederzuschreiben. Andauernd! Und je älter du wirst, desto häufiger scheint es erforderlich zu sein. Der Engel in deinem Geburtsdatum wollte dir überallhin folgen. Er bestimmt jede Abmachung, jede Absprache und jede verbindliche Vereinbarung, für die du dein Geburtsdatum angeben musst. Das ist ein ernst zu nehmender Engelsegen. Doch nicht bei jedem Menschen ist es erforderlich, ihn auf diese Weise zu beschützen.

Wir wollen auch einen Blick auf deine Geburtszeit werfen, die dir natürlich bekannt ist. Ich kenne die meine nicht, und das hat mir im Zusammenhang mit Astrologie immer Kopfschmerzen bereitet. Doch falls dir die deine bekannt ist, dann überprüfe sie auf sich wiederholende Zahlen. Wurdest du vielleicht um 11.11 Uhr geboren oder um 2.22 Uhr? Manche Menschen haben Glück und sehen auf den ersten Blick, welche Zahlen ihnen ihre Geburtszeit verrät. Vergiss nicht, auch nach den anderen Zahlenkombinationen Ausschau zu halten, die ich dir in jedem Kapitel im Abschnitt »zusätzliche Engelzahlen« verrate. Deine Geburtszeit liefert dir anders als dein Geburtsdatum weniger Zahlen, mit denen du herumspielen kannst. Also entweder springen dir Wiederholungen sofort ins Auge oder eben nicht. Lange suchen muss man hier jedenfalls nicht. Falls du aber das Glück hast, dass sich ein Engel direkt in deiner Geburtszeit offenbart, dann ist die Uhrzeit wie ein himmlisches Tor für dich. In diesem Augenblick ist deine Verbindung zu deinem Engel am stärksten. Anders ausgedrückt, zwischen dir und deinem Engel kam es zum Zeitpunkt deiner Geburt – als die Vorhänge zwischen den Welten weit aufgezogen waren – kaum zu einer Trennung, und ihr standet nahe beieinander, als ihr die Dimensionen und die Schwingungszeit durchquert habt. Dieser Umstand gibt deiner Geburtszeit einen besonderen Anstrich der Macht. Sollte es sich herausstellen, dass deine Geburtszeit eine Engelzahl ist, dann wäre es gut, wenn du sie auch als Portal für deine Manifestationsenergie nutzen würdest. Errichte für diese Zahl einen Altar, und bediene dich ihrer, wenn du etwas Bedeutsames in deinem Leben hervorbringen willst.

Wie also läuft es bisher für dich? Hast du deinen oder deine Geburtsengel schon gefunden?

Wenn nicht, dann verzweifle nicht. Du kannst auch noch die Zahlenkombination für deinen Geburtsort untersuchen. Ich weiß schon, was du jetzt denkst. Du meinst bestimmt, dass ich es jetzt doch ein bisschen übertreibe. Aber frage dich doch, warum jeder Astrologe immer auch deinen Geburtsort wissen will. Der Schauplatz ist wichtig. Dein Geburtsort ist gekennzeichnet durch einen Energiewirbel. Er stellt das Portal dar, durch das hindurch du in die materielle Welt gelangt bist. Dort hast du Raum und Zeit durchquert, um hierher zu gelangen und um jetzt auf dem Planeten zu sein. Als ich dieses Kapitel schrieb, entschloss ich mich, die Adresse des Krankenhauses herauszufinden, in dem ich geboren wurde. Sie enthielt zwei Zahlenpaare: 77 und 55. In diesem Beispiel ist 77 der tatsächliche Standort und 55 Bestandteil der eigentlichen Adresse. Ach du meine Güte! Also gut ihr Engel, vielen Dank für eure Hilfe! Mir kam es so vor, als müssten meine beiden Engel ihre Gegenwart für mich unübersehbar machen. Also begib auch du dich auf die Suche nach deiner Geburtsadresse. Vielleicht bringt sie dich zum Lachen, so wie die meine es bei mir getan hat, oder aber sie gewährt dir die Antwort auf so viele deiner Fragen, die du im Zusammenhang mit deiner Geburt haben magst.

Na gut, aber was bedeuten denn nun diese Zahlen? Da es sich um einen realen Ort handelt, um einen Fixpunkt, ist er ein Zentrum jener bestimmten Engelenergie. In Verbindung mit deinem Geburtsdatum und deiner Geburtszeit zeigen sie dir, wen und welche Energie der ortsansässige Engel für dich zu Beginn dieser Inkarnation arrangiert hat. Das heißt, dass nicht jeder, der dort geboren wurde, den gleichen Geburtsengel aufweist, denn der ortsansässige Engel ist vor allem dafür zuständig, die Übereinstimmung vorzubereiten. Doch es kann vorkommen, dass wie bei mir letztlich doch einer der ortsansässigen Engel in deinen Zahlen in Erscheinung tritt und möglicherweise sogar zu deinem wichtigsten Geburtsengel wird, insbesondere dann, wenn du bisher nur seine Engelzahl identifizieren konntest. Damit hättest du dann auch einen Hinweis auf eine an deinen Geburtsort gebundene Lebenslektion und eine tiefere Verbindung mit dem Ort, an dem du in die materielle Welt eingetreten bist. Die Engelzahl kann auch darauf hinweisen, dass du dein ganzes bisheriges Leben am gleichen Fleck verbracht hast und dass dich der ortsansässige Engel mit einem heiligen Ort gesegnet hat. Wenn das zutrifft, dann gratuliere ich dir. Du gehörst zu den Menschen, die niemals infrage stellen, wo ihr Zuhause ist, und sich niemals dazu gezwungen fühlen, sich ein neues Zuhause zu suchen. Ganz ehrlich, darum kann man dich nur beneiden.

Falls du noch tiefer eindringen willst und die für dich gültigen numerologischen Zusammenhänge noch besser kennenlernen möchtest, dann empfehle ich dir das Buch *The Complete Idiot's Guide to Numerology* von Kay Lagerquist. (Leider liegt es nicht in deutscher Sprache vor.) Es gehört zu den besten Numerologiebüchern für Anfänger, die ich je zur Hand genommen habe. Ich empfehle es allen meinen Schülern und habe im Laufe der Jahre bereits zahllose Exemplare davon verschenkt. Ich hoffe, dass diese kleine Einführung in die Ermittlung deines Geburtsengels dich dazu veranlasst, noch mehr über deine Engelzahlen ans Licht bringen zu wollen, und zu ermitteln, wie sie sich auswirken und in bestimmten Bereichen deines Lebens den Ton angeben. Doch falls du nur ein wenig Spaß haben wolltest und nie wieder so viel Mathematik machen möchtest, dann habe ich dafür Verständnis. Mit der Zeit kann das anstrengend sein. Sei dir aber bewusst, dass die Engel, gleichgültig welchen Weg du wählst, immer bei dir sein und dich noch lange begleiten werden, auch nachdem du die Mühsal des Irdischen hinter dir hast.

Einstweilen bitte ich dich, auch für den Rest des Buches offen zu bleiben. Erforsche mit den Engeln die Seiten dieses Buches, und lerne über sie, von ihren Zahlen und dem, was sie dir jetzt mitzuteilen haben. Jeder Engel hat eine wichtige Lehre für dich. Atme also tief durch, entspanne deine Schultern und deinen Nacken und lass dich darauf ein.

1. KAPITEL

000 – Erzengel Metatron: *In deinem Leben grenzenlose Möglichkeiten finden*

»In diesem Moment ist alles möglich; du musst lediglich meinen Würfel werfen und feststellen, welche Tore zu neuen Möglichkeiten sich öffnen.«

Die tiefere Bedeutung der 000

Die Magie der 000 besteht darin, dass alles und jedes möglich ist. Die Null ist die Zahl reinen Potenzials. Über nichts ist endgültig entschieden, und alles ist möglich. Ausschließlich hier im Strudel der Nullen kannst du deiner Vorstellungskraft freien Lauf lassen. Es geht weder um Versagen noch um Erfolg, nur um die Andeutung dessen, was sein kann. Das heißt, jetzt, in diesem Augenblick, während die Nullen vor deinen Augen aufblitzen, setzt das Universum deinen Intentionswirbel zurück. Es gibt dir die Gelegenheit, von vorn anzufangen. Die Engelzahl 000 ist zugleich nichts und alles, beides in einem. Sie ist leer und doch voll. Sie ist Dualität und Ganzheit. Die 000 hat genug Energie, um alles zu sein, zu tun oder zu haben. Sie ist Freiheit, aber zugleich unabhängige Schöpfung. Das ist Gleichgewicht. Stell dir vor, du hast drei Überraschungseier. Du weißt nicht, was sie enthalten, bis du sie öffnest und die darin enthaltenen Objekte siehst.

Solange sich diese Gegenstände in der Originalverpackung befinden, kannst du darüber spekulieren, was in den Überraschungseiern enthalten ist. Genau diese Art des Fantasierens will Erzengel Metatron in dir auslösen, wenn dein Blick auf seine Aufstiegszahlen fällt.

Wenn er kommt, um sich zu dir zu stellen, dann lässt er den Würfel auf einer Ecke wie einen Basketball auf seiner Fingerspitze kreisen. Er dreht sich derart schnell, dass du nur eine Eiform sehen kannst. Auf keinen Fall kannst du die Punkte auf seinen Flächen erkennen, und genau so soll es sein. Die Macht der Energie erschafft die Illusion der Eiform. Dein Geist funktioniert ähnlich. Mit seiner kreativen Macht ergänzt er die Lücken in deinen Träumen und lässt sie für dich vollständig erscheinen, sodass du sie wie von einem Ort aus wahrnehmen kannst, den sie dir als bereits verwirklicht präsentieren. So wie der Inhalt von Überraschungseiern von außen unsichtbar ist, scheint das Potenzial deiner Träume grenzenlos zu sein.

Wohin also soll Metatron seine Energie richten?

Welche Seite des kreiselnden Würfels der Schöpfung willst du mit der Macht der 000 aufladen?

Nimm dir einen Moment lang Zeit, um dir etwas auszumalen, das dich in deinen Tagträumen verfolgt. Dann lass Erzengel Metatron und die 000 für den Rest sorgen.

Erzengel Metatron

Der Engel, der uns alles über die Uneingeschränktheit der Möglichkeiten beibringen kann, war anfangs, genau wie wir, ein Mensch. Metatrons Geschichte unterscheidet sich von der aller anderen – denn er hat sich, anders als die anderen Mitglieder in seiner Engelfamilie, zunächst in Fleisch und Blut auf der physischen Ebene aufgehalten. Er ist in mehr als einer Vibrationsebene erwacht und hierhergekommen, um uns zu zeigen, wie wir es ihm gleichtun können. Wir fragen uns oft, ob Engel unter uns sind, doch die eigentliche Frage lautet, wie Menschen aus den Einschränkungen der karmischen Welt erwachen und unter den Engeln leben können. Vibrationsebenen zu transzendieren scheint praktisch unmöglich, doch Metatron ist es gelungen, und er zeigt uns, dass es eben doch geht. Allerdings lautet die wichtigste Lektion, die Metatron und die 000 uns lehren, nicht, dass alles möglich ist, sondern dass alles immer wieder bei null beginnt. Es gibt kein oben; es gibt kein Ende in der Schlange. Tatsächlich landen wir einfach immer wieder bei null. Eines der aktuell erstaunlichsten Geheimnisse im Menschenreich besagt, dass die Welt besser wird, sobald du Dinge in deinem Leben erweckst. Das Erwachen oder Erreichen von Übereinstimmung, so lehrt Metatron, ist nicht die Zielgerade, sondern lediglich der nächste Punkt beim Zurücksetzen deiner Schwingungsfrequenz. Und sobald du das bewältigt hast, kehrst du zurück zu null. Nur die Null lässt alle Möglichkeiten offen.

Metatron lehrt uns, dass wir Aufstieg als ein Spiel sehen, das uns auf immer höhere Ebenen gelangen lässt. Doch tatsächlich ähnelt er eher einem Rad. Wir begeben uns auf die Aufstiegsreise, und das Rad beginnt sich zu drehen und lässt uns zur Null zurückkehren. Obwohl wir zurück an den Ausgangspunkt gelangt sind, schwingen wir nun auf einer neuen Frequenz. Metatron erklärt, dass wir nach unserem Erwachen nicht aufhören, ein normales menschliches Leben zu führen. Lediglich das Schwingungsspiel beginnen wir von vorne. Dieses Spiel wird uns wieder und wieder an den gleichen Punkt zurückführen. Allerdings sehen wir unseren Ausgangspunkt jedes Mal mit neuen Augen. Wir erkennen unterschiedliche Möglichkeiten, nehmen verschiedene Gelegenheiten wahr. Im Wesentlichen wird die Null immer mehr, bis sie schließlich alles ist. Das ist es, was die Lektion der drei Nullen zu bieten hat: Dort, wo du anfängst, endest du, und wo du endest, fängst du auch an. Nur bist du bei deiner Rückkehr an deinen Ausgangspunkt nicht mehr der gleiche Mensch.

Erzengel Metatrons
Visualisierung/Meditation

Dich deinem grenzenlosen Potenzial öffnen

In dieser geführten Meditation wirst du dich mit Erzengel Metatron und der Schwingungsenergie der 000 verbinden. Man kann diese Energie weder richtig noch falsch erleben. Sie wird sich jedem Menschen unterschiedlich zeigen. Manche werden im Verlauf der Meditation Körperempfindungen haben – Hitze, Kälte oder vielleicht etwas wie eine Berührung im Gesicht oder am Kopf. Andere sehen möglicherweise Farben oder empfinden eine allgemeine Intensivierung ihrer Sinneswahrnehmungen. Wieder andere bemerken beim ersten oder sogar beim zweiten und dritten Mal zunächst gar nichts. Es kann eine Zeit lang dauern, um genug Vertrauen aufzubringen und der Energie Zugang zum eigenen Erleben zu gewähren. Doch sei dir bewusst, dass Metatron bei dir sein wird, egal was passiert oder nicht passiert. Und er will einen geheiligten Raum für dich freihalten, in dem du alles, was dir erscheint, erforschen kannst. Sorge dafür, dass du diese Meditation an einem ruhigen Ort machen kannst, an dem dich keiner stört. Wenn es dir richtig erscheint, kannst du eine weiße Kerze anzünden. Weiße Kerzen sind eine zuverlässige Bank, denn sie nehmen nach Bedarf jegliche Energie auf und speichern sie. Achte darauf, dass deine Kerze während der gesamten Meditation brennt, aber vergiss nicht, sie am Ende zu löschen. Du könntest die Anweisungen zu dieser Meditation aufnehmen und dann abspielen, damit du nur zuzuhören brauchst und die Augen schließen kannst. Oder aber du behältst deine Augen offen und liest dir den Text langsam vor. Wie du dich auch entscheidest, du wirst Zugang zur Energie finden und von ihr profitieren.

Verhalte dich so, wie es sich am besten für dich anfühlt.

Lass uns anfangen.

Beginne, indem du tiefe, zentrierende Atemzüge machst. Atme durch die Nase ein und durch den Mund aus. Entspanne beim Atmen deinen Schultergürtel, und spüre, wie du in deinen Sessel einsinkst. Beim Einatmen ziehst du die Luft in dein Herzzentrum. Beim Ausatmen befreist du dich von allen Anspannungen und Widerständen, die du mit in diese Meditation hineingetragen hast. Lass deine Schultern fallen, lockere deinen Unterkiefer und gestatte es deinem Körper, sich mit jedem langsamen, tiefen Atemzug weiter und immer weiter zu entspannen. Indem du deine Aufmerksamkeit in deinen Herzraum lenkst, nimmst du dort ein weißes Licht wahr. Atme sanft durch die Nase ein und durch den Mund aus. Konzentriere dich auf das weiße Licht in deinem Herzzentrum, und beobachte, wie es sich aus deinem Körper heraus und in den Raum hinein ausbreitet.

Bitte Erzengel Metatron, in diesen Strahl aus weißem Licht einzutreten. Während er deiner Bitte nachkommt, denke an etwas, was du schaffen willst. Es könnte eine neue Gelegenheit sein, eine neue Einkommensquelle, eine neue Beziehung oder auch nur das Gefühl von Gesundheit und Wohlergehen. Es spielt keine Rolle, wie groß oder klein dein Anliegen ist, teile es mit. Während Metatron auf dich zukommt, vertraue ihm deinen Wunsch an und gestatte es ihm, ihn in seinen Würfel zu geben. Vergiss dabei nicht, weiterhin durch die Nase ein und durch den Mund auszuatmen.

Tritt zurück, sobald er den Würfel dreht, und gestatte es der Energie deines Herzenswunsches, sich mit der universellen Energie in seinem Würfel zu vermischen. Während Metatron seinen Würfel dreht, öffnen sich im Schwingungsstrudel mehr Möglichkeiten und Gelegenheiten. Jetzt tun sich neue Türen vor dir auf, und Unbekanntes ordnet sich vor dir mit Leichtigkeit und Würde ein. Lösungen lassen sich leichter finden, und die rechten Menschen zeigen sich zur rechten Zeit. Atme so tief wie möglich ein, und warte darauf, dass Metatron sich wieder im Lichtstrahl deines Herzens zeigt. Wenn er fertig ist, wird er sich umdrehen und gehen und den Würfel und deine Herzenswünsche mit sich fortnehmen. Vertraue darauf, dass das Universum und Erzengel Metatron nun gemeinsam zu deinem Besten miteinander konspirieren. Nimm einen weiteren tiefen Atemzug, und sieh, wie sich das weiße Licht aus deiner Brust jetzt in deinem ganzen Körper ausbreitet. Verfolge, wie das weiße Licht sich mit deinem Einatmen in dir verteilt und wie dich beim Ausatmen Widerstände und Anspannungen verlassen. Gestatte es dem weißen Licht, dich wie eine zweite Haut zu umhüllen. Sobald du vollständig von dieser Energie umschlossen und in ihr geborgen bist, lege deine Hand auf dein Herz und sprich: »Ich öffne mein Herz für alles, was Metatron in mein Leben trägt.« Nimm jetzt die Hand von deinem Herzen, entspanne dich und atme normal weiter, während du das weiße Licht durch deine Haut in dich aufnimmst. Werde dir deines physischen Körpers und des physischen Raums, den du einnimmst, bewusst, und fokussiere dich darauf. Atme tief und regelmäßig weiter, und lass dich sogar noch stärker aufladen, während du dein Bewusstsein langsam ins Hier und Jetzt zurückführst in dem Wissen, dass sich dein Herzenswunsch nun in guten Händen befindet. Jetzt brauchst du nur offen sein, um zu empfangen.

Einen Altar für die 000 und Erzengel Metatron einrichten

Der Altar für Metatron unterstützt die Fokussierung deiner Energie, wenn du weißt, dass es an der Zeit ist, dich für neue Gelegenheiten und Möglichkeiten zu öffnen. Vielleicht möchtest du auch Vibrationen neu ausrichten, indem du zielgerichtet mit der 000 arbeitest. Das kann besonders dann erforderlich werden, wenn du dich ausgelaugt, kraftlos und unmotiviert fühlst oder weißt, dass du das Ende eines Zyklus erreicht hast und keine Vorstellung davon hast, wie du weitermachen oder deinen Weg fortsetzen sollst. Die Energie der 000 und von Erzengel Metatron einzubringen wird dir helfen, dir den Raum zwischen den Lücken in deinem Leben offenzuhalten, dein Energiereservoir aufzufüllen, dich energetisch zu erfrischen und dich für Neuanfänge zu öffnen. Metatron hat in den zurückliegenden Jahren an Beliebtheit zugenommen, folglich ist es seither leichter geworden, Bilder und Darstellungen von ihm zu finden. Vielleicht hast du Engelorakelkarten und kannst die Karte mit der Abbildung von Metatron auf deinem Altar aufstellen. Wie du ihn ehren willst, ist ganz und gar deine Entscheidung. Achte nur darauf, dass sich etwas auf deinem Altar befindet, das ihn und seine Energie repräsentiert. Außerdem brauchst du ein Blatt Papier, auf das du die 000 sowie deine Intention oder deinen Wunsch aufgeschrieben hast, die oder den zu verwirklichen dir Metatron helfen soll. Du kannst das Blatt kaligrafisch gestalten oder einfach mit dem Computer ausdrucken. Hier bist du in deiner Entscheidung frei, doch solltest du es auf eine Weise verzieren, mit der du dich wohlfühlst. Weiterhin eignen sich für deinen Altar Blumen, Kristalle und in entsprechenden Gefäßen Salz, Wasser und Erde sowie natürlich eine Kerze. Am besten sollte es sich um eine weiße Kerze handeln, denn sie deckt alle anderen Farben mit ab. Sorge dafür, dass sich dein Altar an einem Ort befindet, an dem du ihn ungestört nutzen kannst. Wie viel Zeit du dort verbringst, entscheidest du selbst. Vielleicht meinst du, dein Gebet nur ein einziges Mal sprechen zu müssen oder zehn Tage in Folge. Auch hier ist es wieder am besten, wenn du deinem Gefühl folgst.

Sobald dein Altar aufgebaut ist, solltest du ihn mit Salbeiwasser besprühen oder mit einer Räucherung aus Salbei oder Palo santo (*Bursera graveolens*) reinigen. Damit neutralisierst du den Raum und bereitest ihn für deine Gebetsarbeit vor. Wenn alles vorbereitet ist, dann lass dich vor deinem Alter nieder, mach ein paar tiefe Atemzüge, entzünde deine Kerze und sprich deine Intention laut aus, indem du mit folgenden Worten beginnst: »Ich rufe Erzengel Metatron und die Macht der drei Nullen, damit sie meinen Wunsch hören und mir auf magische Weise bei seiner Verwirklichung helfen.

Möge meine Intention meinem höchsten Wohl und dem aller beteiligten Menschen dienen.« Dann kannst du weitermachen, indem du deine Intention im Gebet formulierst, etwa: »Meine Intention ist … Ich bete um …«

Zum Abschluss des Rituals kannst du entweder die Kerze löschen oder sie brennen lassen, wenn das ohne Gefährdung möglich ist. Solltest du die Kerze ausblasen wollen, dann sprich zunächst die folgenden Worte: »Wenn ich jetzt die Kerze lösche, tue ich es im Vertrauen darauf, dass ihr Rauch mein Vorhaben in den Himmel transportiert, damit das Universum es manifestieren kann. Ich bin bereit für seine Verwirklichung. So sei es.« Erst dann bläst du die Kerze aus. Danach hast du nichts anderes zu tun, als offen zu bleiben und alle neuen Ideen aufzuschreiben. Heiße die Menschen, die neu in dein Leben treten, mit Offenheit willkommen. Vergiss nicht, Metatron bereichert dein Leben mit Möglichkeiten und Gelegenheiten. Je aufmerksamer du bist, desto weniger von ihnen werden dir entgehen. Sei dir bewusst, dass das, worum du gebeten hast, in deinem Leben verwirklicht werden wird und sich bereits auf dem Weg zu dir befindet.

Hinweise für automatisches Schreiben

Sobald du deine Gebetsarbeit geleistet hast oder vielleicht auch bereits nach der Visualisierung, wirst du feststellen, dass deine Verbindung zu Metatron hergestellt ist und dass Mitteilungen und Informationen langsam oder schneller einzutreffen beginnen. Wenn es dir richtig erscheint, dann nimm dir dein Tagebuch vor und schlage Kapital aus diesem Kommunikationsweg. Du könntest der Seite die Überschrift »Gespräche mit Metatron und der 000-Schwingungsenergie« geben. Dann setzt du dich hin und beginnst einfach mit dem Schreiben. Es wird dir leichtfallen, falls du bereits regelmäßig Notizen in einem Tagebuch einträgst. Solltest du mit dieser Verfahrensweise noch keine Erfahrungen gemacht haben, dann helfen dir möglicherweise die nachfolgenden Hinweise, um dir den Anfang zu erleichtern und dich in den Prozess einzuführen:

1. Metatron, wie kann ich feststellen, ob du in der Nähe bist?
2. Auf welchen Bereich meines Lebens soll ich mich gemäß der 000 konzentrieren und warum?
3. Wie gelingt es mir am besten, neue Möglichkeiten und Gelegenheiten in meinem Leben zuzulassen?
4. Wie kann ich heute handeln, damit es mir besser gelingt, mich von meinen Ängsten und Widerständen im Hinblick auf Neues zu befreien und mich dafür zu öffnen?
5. Wie kann es mir heute helfen, wenn ich mich auf die Energie der 000 ausrichte?

Engelkristall: Bergkristall

Bergkristall ist der Jokerkristall. Er kann nahezu jeden anderen Stein ersetzen. Wenn du dir nicht sicher bist, welches Mineral für dein Vorhaben geeignet ist, dann greife zu einem

Bergkristall. Deshalb ist er ideal für die Arbeit mit der Energie der 000. Er ist voller Potenzial und immer offen für neue Möglichkeiten. Er liebt alles Neue, und es gibt bei der Arbeit mit diesem mächtigen Kristall kein falsch oder richtig.

Für diese Übung benötigst du das magische Werkzeug Bergkristall in einer Größe, die du leicht mit der Hand umschließen kannst, und einen wischfesten Markierstift. Schreibe die 000 so groß wie möglich auf deinen Bergkristall. Dann hältst du den Kristall in der Hand, mit der du normalerweise nicht schreibst, da sie die empfangende Hand und offen für neue Energie ist. Umschließe den Stein sanft mit deinen Fingern, und halte ihn an dein Herz, während du einige tiefe, erdende Atemzüge machst. Spüre, wie deine Atemluft den Hals hinunter durch deinen Körper bis an die Wurzel deiner Wirbelsäule fließt. Sobald du im Jetzt angekommen und fokussiert bist, schließe deine Augen und konzentriere dich auf die 000. Während du die 000 vor deinem inneren Auge siehst, gewähre Erzengel Metatron Zugang zu deiner Energie. Bitte ihn, dein Herz und deinen Kristall mit seiner und mit der Energie der 000 aufzuladen. Möglicherweise siehst du, wie diese Energie als Licht in dein Herzzentrum fließt. Dieses Licht könnte eine Farbe haben oder einfach nur weiß sein. Verzichte darauf, es irgendwie kontrollieren zu wollen; lass es einfach nur fließen. Atme die strömende Energie langsam und tief ein. Metatron wird dir mitteilen, wenn er fertig ist, indem er dir zunickt. Sobald der Prozess zum Abschluss gekommen ist, gestatte es der 000, die du vor deinem inneren Auge siehst, sich aufzulösen. Lass die Auflösung der Verbindung zu, und atme dich sanft zurück in deinen Körper und in den gegenwärtigen Augenblick hinein. Ziehe deine Hand von deinem Herzen zurück, und verwahre den Kristall wieder in deiner Tasche, da er nun aufgeladen und bereit ist, deinem Leben neue Möglichkeiten zuzuspielen.

Zusatzzahlen für die Arbeit mit Erzengel Metatrons Energie

001: Alles zurück auf Anfang. Ein Neuanfang zeichnet sich ab, und er könnte jeden Bereich deines Lebens betreffen. Wehre dich nicht gegen ihn, widerstehe der Versuchung, ihn zu kontrollieren, und lass dich auf ihn ein.

002: Eine neue Herzensverbindung möchte von dir anerkannt werden. Es könnte sich um eine Freundin handeln, einen Kollegen oder jemanden, mit dem du über die sozialen Medien in Verbindung stehst, der nur darauf wartet, mehr für dich als die übliche, gelegentliche Alltagsbegegnung zu sein. Es muss sich nicht zwangsläufig um eine romantische Verbindung handeln, doch es könnte jemand sein, dessen Herzensschwingungen den deinen ähneln.

003: Gespräche mit Fremden eröffnen dir die erstaunlichsten Erkenntnisse. Manchmal sind es die merkwürdigsten Quellen, aus denen uns Antworten zuwachsen. Achte heute eigens auf neue Interaktionen, denn Metatron teilt sich dir durch jeden Menschen mit, der dir begegnet.

004: Manchmal werden die kleinen Dinge, die einem jetzt fehlen, später zu den großen, wichtigen Dingen. Achte heute auf die großen Dinge.

005: Gelegenheiten sind gefolgt von Veränderung. Möglichkeiten erfordern Veränderung. Alles Neue schafft Veränderungen, für die du verantwortlich bist oder nicht. Wenn du diese Zahlenfolge siehst, dann gibt Erzengel Metatron dir damit Bescheid, dass Veränderungen auf dem Weg sind.

006: Es mag ein guter Zeitpunkt sein, um eine alte Beziehung von einer neuen Perspektive anzugehen. Alle Beziehungen brauchen Erneuerung und energetische Auffrischung. Eine der deinen verlangt Entwicklung und Aktualisierung.

007: Neue Ideen lösen neue Fragen aus, die neues Lernen bewirken. Bleibe heute offen, und finde heraus, wohin dich ein neuer Gedanke bringt.

008: Es ist an der Zeit, einen neuen Zugang zu deinem Körper zu finden. Vielleicht brauchst du eine neue Frisur, eine neue Farbe oder wie wäre es mit ein paar neuen Kleidungsstücken? Metatron drängt dich, physisch all die neue Energie zu verkörpern, die er in dein Leben trägt.

009: Wo ein Anfang ist, da gibt es auch ein Ende, und aus etwas Altem entsteht etwas Neues. Hier zeichnet sich der Übergang von einem Zyklus zum nächsten ab, und du befindest dich mittendrin. Dein Glück, dass Metatron da ist und dir potenzielle Wege aufzeigt.

2. KAPITEL

111 – Erzengel Michael: *Übernimm mutig die Führung in einer neuen Zeit*

»Es ist an der Zeit vorzutreten, deinen Widerstand aufzugeben und die im Herzen zentrierte Führungsrolle in einem oder in mehreren Bereichen deines Lebens anzunehmen.«

Die tiefere Bedeutung der 111

Wenn sich Erzengel Michael zeigt, dann kann man mit ziemlicher Sicherheit davon ausgehen, dass eine Runderneuerung ansteht. In deinem Leben gibt es einen Bereich, dem du dich öffnen und den du beanspruchen sollst. Das geht nur mit deiner eigenen Energie, also Schluss mit dem Delegieren in diesem Areal deines Lebens. Die Engelzahl 111 bezieht sich nicht auf irgendeine alte Führung. Nein, bei dieser Aufstiegsenergie geht es um eine vom Herzen ausgehende Führung. Führung im neuen Zeitalter bedeutet, dem eigenen Herzen zu vertrauen und anderen das Gleiche zu ermöglichen. Diese gegenwärtige Führung, die Erzengel Michael mit der Macht der 111 in dein Leben leitet, fließt im Einklang mit Liebe. Tatsächlich kann man sich ohne offenes Herz gar nicht an der Spitze der Quellenergie befinden. Michael führt das Schwert der Wahrheit und bekämpft damit Angst, Zweifel, Schuld, Scham, Traurigkeit, Isolation und Wut. Sobald diese Energien dein Leben nicht mehr länger blockieren, kann echte Herzenergie fließen. Du bist aufgefordert, dich mit einem Bereich deines Lebens zu befassen, der diese Art von Führung erfordert. Geht es um deine Finanzen, Beziehungen, Gesundheit oder um deine beruflichen Perspektiven? Vielleicht findest du auch mehr als ein Gebiet, doch eines von ihnen braucht dich jetzt mehr als alle anderen. Es verlangt von dir, Michaels Schwert aufzunehmen und alle Verbindungen zu liebloser Energie zu kappen. Durchtrenne deine Fesseln, und sei siegreich. Beanspruche deinen Seelenfrieden, deine Macht und deinen Platz im Rampenlicht deines Herzens, denn wer führt, ist verletzlich. Die Engelzahl 111 macht uns klar, dass es keine Führung ohne Mut zur eigenen Verletzlichkeit geben kann. Du musst gesehen und gehört werden, vor allem aber sollst du selbst dich aller dieser Dinge würdig fühlen. Wenn die 111 in deinem Leben aufblitzt, dann kannst du sicher sein, dass Erzengel Michael dir sein Schwert reicht. Doch damit du es auch führen kannst, musst du die Kraft aufbringen, dein Herz zu öffnen.

Erzengel Michael

Erzengel Michael ist der geborene Anführer. Er hat seine gesamte Existenz auf dem Schlachtfeld der Liebe verbracht. Jeden Tag findest du ihn im Kampf gegen alles, das sich ihm dabei in den Weg stellt, für alle diejenigen, die es wünschen, eine liebevolle Welt zu schaffen. Von allen Engeln kämpft Michael am stärksten um eine aufgestiegene und erwachte Menschheit. Sei Ziel ist es, jedes fühlende Wesen auf die nächste Stufe des Wachstums und der Erleuchtung zu führen. Man könnte behaupten, genau dazu wurde er geschaffen: um uns auf den Weg der Liebe zu helfen, damit wir aufstehen und unseren Platz im Königreich des Lichts einfordern, denn das ist für alle fühlenden Wesen die nächste Phase. Michael ist ein unermüdlicher Kreuzritter, der kein Aufgeben oder Einlenken kennt, der jedoch ohne jeden Zweifel weiß, wann er aufhören und innehalten oder sogar beiseitetreten muss. Er führt immer durch sein Vorbild, deshalb braucht er niemanden zu überreden, damit er sich seiner Mannschaft anschließt. Michael ist kein Verkäufer. Er tritt an und ist er selbst.

Michaels Aufgabe besteht nicht darin, Anhänger zu sammeln, obgleich er sie überall, wohin er auch geht, gewinnt. Seine Existenz ist seine Mission, und das ist es, was wir von ihm lernen können. Wir sind die Mission. Wir sind unsere eigenen Führer, und indem wir uns so verhalten, dienen wir anderen als Vorbild. Im Wesentlichen sagt uns die 111, dass wir immer und ohne uns zu rechtfertigen wir selbst sein sollen. Wir machen uns klein, wenn wir meinen, der Version von uns selbst nicht gerecht zu werden, die jemand anderer in uns sieht. Dazu sind wir nun einmal nicht zum Spielen in diesen physischen Körper gestiegen, und Michael weiß das. Er ist verständnisvoll und steht deshalb jetzt vor dir und reicht dir immer dann, wenn dir die 111 begegnet, die Hand. Er möchte, dass du aus dem Schatten der Beschränkung in das Licht deines göttlichen Potenzials trittst. Führe dein Leben nach deiner Fasson, zu deinen eigenen Bedingungen und mit einer Selbstliebe, die größer ist als alle Liebe, die du je von einem anderen Mitmenschen erwarten würdest.

Erzengel Michaels Visualisierung/Meditation

Tritt vor und beanspruche deinen Platz in der Bestenliste
In dieser geführten Meditation wirst du eine Verbindung herstellen zur Führungsenergie von Erzengel Michael. Man kann diese Energie weder richtig noch falsch erleben. Allerdings wird sie sich jedem unterschiedlich zeigen. Manche werden im Verlauf der Meditation Körperempfindungen haben – Hitze, Kälte oder vielleicht etwas wie eine Berührung im Gesicht oder am Kopf. Andere sehen möglicherweise Farben oder empfinden eine allgemeine Intensivierung ihrer Sinneswahrnehmungen. Wieder andere bemerken beim ersten oder sogar beim zweiten und dritten Mal zunächst gar nichts. Das ist nicht schlimm und vollkommen normal. Doch sei dir bewusst, dass Michael bei dir sein wird, egal was passiert oder nicht passiert, und geheiligten Raum für dich

freihält, in dem du die Bereiche deines Lebens erforschen kannst, in denen du ab sofort die Führung übernehmen solltest. Sorge dafür, dass du diese Meditation an einem ruhigen Ort machen kannst, an dem dich niemand stören wird. Wenn es dir richtig erscheint, dann zünde eine goldfarbene Kerze an. Du kannst sie im Verlauf der gesamten Übung brennen lassen, aber vergiss nicht, sie am Ende auszublasen. Es steht dir frei, die Anweisungen zu dieser Meditation aufzunehmen und dann abzuspielen, damit du nur zuzuhören brauchst und die Augen schließen kannst. Oder aber du behältst deine Augen offen und liest dir die Anweisungen laut vor. Egal, wie du dich entscheidest, du wirst Zugang zur Energie finden und von ihr profitieren.

Verhalte dich so, wie es sich am besten für dich anfühlt.

Lass uns anfangen.

Beginne, indem du dir einen bequemen Sessel suchst, in dem du mit geradem, aber entspanntem Rücken, mit locker auf den Lehnen ruhenden Armen und mit den Füßen auf dem Boden sitzen kannst. Mach ein paar tiefe zentrierende Atemzüge, und lass dich entspannt in deinen Sitz sinken. Halte die Augen offen oder, falls du die Anweisungen zu dieser Meditation aufgezeichnet hast, schließe sie. Während du dich tiefer in deine Atemarbeit sinken lässt, fokussiere dich auf die Zone deines Lebens, in der du dich überfordert oder machtlos fühlst, oder vielleicht sogar auf einen Teil, der in dir keine besonderen Gefühle auslöst. Male dir dein Fundstück in starken Farben und detaillierten, deutlichen Bildern auf der inneren Leinwand deines Geistes aus, bis du sicher bist, dass es sich nicht um eine Verwechslung handeln kann.

Beobachte die Szene, die vor deinem inneren Auge abläuft. Hier geht es nicht um Beurteilungen oder Wertungen. Beschränke dich darauf, lediglich die Gefühle zuzulassen, die dich bei der Betrachtung dieses Aspekts deines Lebens erfassen. Gestatte es ihnen, wie Luftblasen an die Oberfläche zu kommen und abzufließen.

Sei jetzt ehrlich: Wie würdest du diese Gefühle am liebsten auflösen? Was müsste geschehen, damit du dich bevollmächtigt, in Kontrolle oder mit dieser Region in deinem Leben, in der du bisher die Führung nicht übernommen hast, besser verbunden fühlst?

Vermutlich hast du diesen Aspekt deiner Existenz bisher vernachlässigt, weil du meinst, damit überfordert zu sein. Dann ist jetzt der beste Zeitpunkt, um Erzengel Michael herbeizurufen und um Führung und Unterstützung in dieser Angelegenheit zu bitten. Sieh vor deinem inneren Auge, wie er neben dir steht, bereit, dir zu helfen. Beobachte, wie er seine Ärmel hochkrempelt, um sich für dich an die Arbeit zu machen. Höre aufmerksam zu, wenn er dir Anweisungen für die ersten Schritte gibt, um mit diesen abgeschnittenen Bereichen deines Lebens in Kontakt zu treten.

Verzichte darauf, die Einfachheit oder Komplexität seiner Ratschläge zu beurteilen; höre nur zu und nimm wahr. Gestatte es ihm, dich zurück auf den Weg des Selbstvertrauens zu geleiten und deinen Glauben daran zu erneuern, dass du ein Leben führen kannst, wie du es dir wünschst. Falls Gefühle hochkommen, die dich beunruhigen oder herausfordern, dann überantworte sie Erzengel Michael, damit er sie für dich handhabt. Schließlich ist das seine Spezialität.

Sobald Michael dir Anweisungen gegeben und dich bei den ersten Schritten auf deinem Weg geführt hat, lenke deine Aufmerksamkeit erneut auf deinen Atem. Während du tief ein- und ausatmest, betrachte die Bilder, die du anfangs zu dem fraglichen Aspekt deines Lebens auf deiner inneren Leinwand sichtbar gemacht hast, noch einmal und stelle fest, ob sich in ihnen Veränderungen ergeben haben.

Was sieht jetzt anders aus oder fühlt sich anders an als zuvor?

Welche Gefühle werden jetzt in dir beim Betrachten der Szene freigesetzt?

Gerate nicht ins Analysieren; gestatte es deinen Gefühlen lediglich, aufzusteigen und zurückzusinken. Wenn du genug gesehen hast, dann lass es zu, dass sich die Bilder auflösen in dem Wissen, dass ihr, du und Erzengel Michael, die Lage unter Kontrolle habt. Vielleicht fühlt sich das Ergebnis noch nicht endgültig an, und es ist möglicherweise noch mehr Zeit erforderlich, um Wohlbefinden zu erreichen, aber der richtige Weg ist eingeschlagen. Atme tief, und entspanne deinen Körper, während du dich bei Erzengel Michael dafür bedankst, dass er heute zu dir gekommen ist und dich begleitet hat. Kehre entspannt atmend in deinen Körper und zu deinem Aufenthaltsort zurück, sobald er sich entfernt hat. Mach dir bewusst, dass du dich mit jedem Atemzug immer tiefer in deinem Körper und in deinem Geist erdest, wobei dein Geist laserscharf, wach und bereit zu jeglicher inspirierten Führerschaft ist.

Einen Altar für die 111 und Erzengel Michael einrichten

Von allen Engeln in unserer gegenwärtigen Zeitschiene ist Michael der dominierendste. Viele Menschen haben ihm schon einen Altar errichtet, da Figuren und Kerzen, die seine Energie bereits enthalten, leicht verfügbar sind. Erzengel Uriel bezeichnet Michael als »Pin-up-Boy des New Age« – lustig, aber zutreffend. Falls du allerdings keine durch Michael inspirierten Gegenstände bei dir zu Hause haben solltest, dann ist das kein Problem, denn du brauchst sie nicht wirklich. Obwohl er die Farbe Gold, weil sie königlich und luxuriös ist, besonders mag, geht auch eine Kerze in jeder anderen Farbe. Wähle selbst aus, welche Abbildung von ihm du auf deinem Altar aufstellen möchtest. Es könnte eine Orakelkarte, eine Zeichnung oder ein Gemälde sein; wichtig ist nur, dass dir das Bild gefällt. Es geht lediglich darum, dass du etwas auf deinem Altar hast, das Michael repräsentiert – eine Kerze, eine Darstellung der 111, eine Figur. Wie du das Zuhause, das du für Michael einrichtest, schmückst, ist ganz und gar dir überlassen. Du musst lediglich darauf achten, dass der Altar zur Schwingung der Energie passt, für die du dich öffnen willst, also für Führerschaft und insbesondere für herzzentrierte Führerschaft. Als Nächstes schreibst du deine Intention in einem Gebetstext auf. Er sollte in Beziehung stehen zu der Art von Führungsqualität, die du dir aneignen möchtest.

Ein Beispiel könnte sich folgendermaßen anhören: »Ich habe den Vorsatz, mehr Einsatz in meiner Beziehung zu zeigen, vor allem möchte ich mich bei den Aufgaben einbringen, mit denen mein Partner sich schwertut. Ich beanspruche meinen Platz in der Beziehung und begreife, dass ich für die Energie verantwortlich bin, die ich beisteuere. Ich will Michael an meiner Seite haben, damit er mich führt und lenkt.«

Sobald du deinen Altar eingerichtet hast, solltest du ihn mit einem Reinigungsspray oder einer Räucherung von allen unerwünschten Einflüssen befreien. So säuberst du den Raum und bereitest ihn für deine Gebetsarbeit vor. Als Nächstes machst du ein paar tiefe Atemzüge, entzündest deine Kerze und konzentrierst dich auf das goldene Licht der Flamme. Sieh zu, wie es sich ausbreitet und schließlich den Altar und dich einhüllt. Jetzt ist es an der Zeit, deine Intention laut auszusprechen. Beginne mit den Worten: »Ich rufe Erzengel Michael und die Energie der 111, damit sie meine Intention hören und mir helfen, sie auf wunderbare Weise zu verwirklichen. Möge diese Intention zu meinem eigenen Besten und zum Besten aller möglicherweise beteiligten Personen sein.« Dann liest du laut deine Intentionsaussage beziehungsweise dein Gebet vor: »Ich habe die Intention ... Ich bete dafür ...« Achte darauf, dass du mit bestimmter Stimme und erfüllt von Selbstvertrauen sprichst, denn du willst ja einen Zugang zur göttlichen Führungskraft erhalten.

Um das Ritual zu beenden, kannst du entweder die Kerze ausblasen oder sie, falls das gefahrlos möglich ist, weiter brennen lassen. Falls du dich entschließt, deine Kerze zu löschen, dann sprich zunächst die folgenden Worte: »Indem ich diese Kerze ausblase, vertraue ich darauf, dass ihr Rauch meine Intention hinauf in den Himmel trägt, damit sie das Universum manifestieren kann. Ich bin bereit, das zu empfangen, worum ich bitte, und so sei es.« Dann kannst du die Kerze löschen.

Deine Aufgabe ist es, jetzt vorzutreten und den Bereich in deinem Leben für dich zu beanspruchen, in dem deine Führung erforderlich ist. Mach deine Schritte in dem Wissen, dass Michael an deiner Seite ist, dich unterstützt und mit dem Mut erfüllt, den du benötigst, um voranzukommen.

Hinweise für automatisches Schreiben

Sobald du deine Gebetsarbeit geleistet hast oder vielleicht auch bereits nach der Visualisierung, wirst du feststellen, dass deine Verbindung zu Michael hergestellt ist und dass Mitteilungen und Informationen langsam oder auch schneller einzutreffen beginnen. Wenn es dir richtig erscheint, dann nimm dir dein Tagebuch vor und schlage Kapital aus diesem Kommunikationsweg. Du könntest der Seite die Überschrift »Gespräche mit Michael und der 111-Schwingungsenergie« geben. Dann beginnst du einfach mit dem Schreiben. Es wird dir leichtfallen, falls du dir bereits regelmäßig Notizen in einem Tagebuch machst. Solltest du mit der Verfahrensweise nicht vertraut sein, dann helfen dir möglicherweise die nachfolgenden Hinweise, um dir den Anfang zu erleichtern und dich in den Prozess einzuführen:

1. Michael, wie kann ich feststellen, ob du in der Nähe bist?
2. Auf welchen Bereich soll ich mich gemäß der 111 konzentrieren und warum?

3. Warum hatte ich bisher Angst, in bestimmten Regionen meines Lebens vorzutreten und meinen Platz zu beanspruchen?
4. Wie kann ich heute handeln, damit es mir besser gelingt, mich von meinen Ängsten und inneren Widerständen zu befreien?
5. Wie kann es mir heute helfen, wenn ich mich auf die Energie der 111 ausrichte?

Engelkristall: Tigerauge

Tigerauge schafft einen Ausgleich zwischen Schwingungs-, emotionalem, mentalem und physischem Körper und ermöglicht einsichtiges Tun. Es fördert fokussiertes und strategisches Handeln, ganz im Sinne von Michael und der 111. Diesen Stein brauchst du, wenn du dich einem bestimmten Bereich in deinem Leben intensiver zuwenden willst. Bewaffnet mit der Energie des Tigerauges, der Macht von Erzengel Michael und der Schwingung der 111, wirst du selbstbewusst eine von Herzen ausgehende Führung übernehmen.

Für diese Übung hältst du deinen Kristall in deiner dominierenden Hand, also in der Hand, mit der du schreibst. Umschließe den Stein mit deinen Fingern, doch drücke nicht zu fest. Mach ein paar tiefe Atemzüge und, wenn es sich für dich richtig anfühlt, schließe deine Augen. Gestatte es, während du den Kristall in der Hand hältst, deinem Atem, seinen Rhythmus zu finden. Erinnere dich dabei an eine Gelegenheit in deinem Leben, bei der du dich mutig gefühlt hast und bei der dein Selbstbewusstsein stärker war als sonst, als du etwas getan hast, was dir das Gefühl gab, kraftvoll, in Kontrolle und mächtig zu sein. Es muss sich nicht um etwas Großartiges handeln. Wir suchen lediglich nach einem Moment, der dich mit deinen Emotionen verbindet. Fertige vor deinem inneren Auge einen »Schnappschuss« dieses Augenblicks an, und gestatte es den Gefühlen, deinen Arm entlang bis in den Kristall in deiner Hand zu wandern. Möglicherweise spürst du dabei ein Kribbeln in deiner Hand oder eine ungewohnte Wärme beziehungsweise Kälte. Das ist vollkommen normal. Konzentriere dich einfach weiter auf deine Atemarbeit, und lass deine Gefühle und Emotionen in den Kristall übergehen.

Sobald du meinst, fertig zu sein, öffne deine Hand und bitte Erzengel Michael, dein Tigerauge mit seiner Energie und mit der Kraft der 111 zu erfüllen. Möglicherweise hast du Körperempfindungen, als striche man dir mit einer Feder zart über die Haut, oder aber du spürst gar nichts. Beides kommt vor. Bleibe weiterhin bei deinem Atem. Wenn du den Eindruck hast, dass Michael zum Abschluss gekommen ist oder du dieses bestimmte, wissende Gefühl hast, dann schließe deine Hand, führe den Kristall an dein Herz und gestatte es seiner Energie, mit deinem Herzzentrum zu verschmelzen. Mach langsame, tiefe und entspannte Atemzüge. Wenn du meinst, mehr Selbstvertrauen zu haben, mehr im Frieden zu sein, oder einfach nur ein Gefühl von Erleichterung hast, dann kannst du deine Hand von deinem Herzen zurückziehen und deine Augen öffnen, falls du sie geschlossen hattest. Dein Tigerauge ist nun aufgeladen. Bewahre es in deiner Hosentasche, auf deinem Altar oder in deiner Handtasche auf. Nutze den Stein als Talisman, wenn du zusätzliche Kraft und größeren Mut brauchst.

Zusatzzahlen für die Arbeit mit Erzengel Michaels Energie

112: Eine deiner Beziehungen verlangt von dir, dass du vortrittst und die Führung übernimmst. Lehne dich nicht zurück und warte nicht mehr darauf, dass andere dieses bestimmte Problem für dich lösen. Du bist die Lösung, also erhebe Anspruch auf sie.

113: Es ist an der Zeit, ein soziales Beisammensein zu organisieren. Sei Gastgeber für einen Filmabend, ein Abendessen, einen gemeinsamen Theaterbesuch oder einen Wochenendausflug. Bring deine Freunde zusammen, und ehre ihren Platz in deinem Leben.

114: Eine der besten Eigenschaften von Anführern ist ihre Fähigkeit, eine gut organisierte Struktur zu erschaffen und mit ihr dafür zu sorgen, dass sie die Oberhand behalten und im Fluss bleiben. Jetzt ist es an der Zeit, dir eine Ordnung auszudenken, die bei dir wirksam ist.

115: Anführer sind fähig, sich der Stärke des Windes anzupassen. Sie sind fließend, flexibel und haben ein natürliches Verständnis für alles Bewegliche. Du wirst daran erinnert, dich mit dem Wind zu beugen, damit du im bevorstehenden Sturm nicht zerbrichst.

116: Wir bringen unseren Mitmenschen bei, wie sie sich um sich kümmern können, indem wir liebevoll für uns selbst sorgen. Sei das Beispiel, von dem du möchtest, dass andere sich nach ihm richten, und mach deine Selbstfürsorge zu einer Priorität.

117: Wissen ist Macht, und Weisheit ist Kraft. Bewahre dir einen wachen Geist, der ohne müde zu werden für neue Ideen offen ist.

118: Indem du die Kontrolle über deine Sinne erlangst, kannst du deine physische Umgebung meistern. Achte sorgfältig darauf, was deine sinnliche Wahrnehmung dir sagt, doch lass dich durch sie nicht in deinem Potenzial einschränken.

119: Anführer denken fortwährend darüber nach, welches Vermächtnis sie hinterlassen und ob es noch lange, nachdem sie ihre physische Hülle abgeworfen haben, Fortbestand hat. Du bist aufgefordert, dir darüber Gedanken zu machen, was du hinterlässt. Michael fragt: »Wie wird man sich an dich erinnern?«

3. KAPITEL

222 – Erzengel Jophiel: *Bring die Zwillingsflammenenergie ein*

»Die Flügel von Erzengel Jophiel halten dich umfangen und erfüllen dich mit heilender Zwillingsflammenenergie.«

Die tiefere Bedeutung der 222

Eben jetzt, gerade in diesem Augenblick, denkt eine deiner Zwillingsflammen an dich. Welche es ist, spielt keine Rolle; es könnte jede deiner zahlreichen Zwillingsflammen sein. Wichtig ist nur, dass ihr zusammen einen Energiestrudel erschafft, der auf deiner gegenwärtigen Gefühlslage basiert. Im Augenblick habt ihr einen gemeinsamen Gedanken, ein gemeinsames Gefühl, eine Erinnerung, einen Zeit- und Raumabschnitt, zu dem allein ihr Zugang habt. Lege deine Hand auf dein Herz, und hole tief Luft. Entspanne dich langsam, und spüre, wie sich die Energie beim Ein- und Ausatmen in deiner Brust verteilt. Gestatte es deinem Atem, dich zu beruhigen, zu unterstützen und daran zu erinnern, dass du in dieser Erfahrung nicht alleine bist. Die Engelzahl 222 ruft dir ins Gedächtnis, dass du eine Schwingungsverbindung mit jemand anderem gemeinsam hast. Wenn dir auffällt, dass du in dem Augenblick, in dem dir eine 222 begegnete, nicht besonders glücklich oder frei im Kopf warst, dann sei dir bewusst, dass deine Zwillingsflamme bereit ist, mit dir auch deinen Schmerz und deine Trauer zu teilen. Die Engelzahl 222 macht dir klar, dass du deine Last nicht alleine tragen musst – da draußen ist einer, der froh ist, wenn er dir helfen darf. Er wird mit dir atmen und dich langsam, aber sicher in eine bessere Stimmung führen. Die Engelzahl 222 hilft dir, dich darauf zu besinnen, dass du geliebt und unterstützt wirst, ganz egal, wie du dich gerade fühlst oder was du denkst. Wenn uns eine 222 begegnet, dann wissen wir, dass Erzengel Jophiel bei uns ist. Er zeigt uns die Schönheit unserer Erfahrung und schubst uns, damit wir mehr Zuneigung in unserem Leben zulassen. Es fällt uns oft leichter, Liebe zu schenken, als sie anzunehmen – ein weiterer Grund dafür, warum uns die 222 präsentiert wird. Deine Zwillingsflamme nimmt nicht nur, sie gibt – mühelos wie das Atmen. Es ist unmöglich, immer nur auszuatmen und das Einatmen zu vergessen. Wenn du eine 222 siehst, dann ist das ein Anzeichen dafür, dass du dich im Fluss des Gebens und Empfangens befindest, auch wenn es dir nicht bewusst ist. Deine Zwillingsflamme verbindet sich mit dir über Raum und Zeit hinweg, um mit dir in einen Energieaustausch zu treten.

Erzengel Jophiel

Erzengel Jophiel ist der Engel der Schönheit und Kreativität. Sie (Erzengel Jophiel kann als männlich und weiblich angesehen werden.) befindet sich in einer Zwillingsflammenverbindung mit Erzengel Metatron, und gemeinsam können sie uns vieles über Zwillingsflammenenergie lehren. Ich habe von Jophiel viel darüber erfahren, welche Bedeutung diese Energie hat und in welchem Zusammenhang sie nicht steht. Erstens, diese Kraft ist nicht romantisch. Aber sie ist eine verbindende Energie, die tiefe Liebe transportiert, die alles übersteigt, was wir bremsen, kontrollieren oder benennen könnten. Deshalb ist sie als Heilenergie so besonders wirkungsvoll. Durch Jophiel habe ich gelernt, mich für die verschiedensten liebevollen Beziehungen zu öffnen. Sie hat mir gezeigt, was Zwillingsflammenenergie zustande bringen kann, und warum es so wichtig ist, ihr Zugang zu unserem Leben zu gewähren.

Hier, in dem geheiligten Raum, den die 222 für dich aufrechterhält, kannst du einen Moment in deinem Tun innehalten, deine Hand auf dein Herz legen, tief atmen und an einen wichtigen Menschen denken, für den du tiefe Liebe empfindest. Stell dir vor, wie die Person lächelt und glücklich ist, und halte an diesem Bild fest. Dann sendest du selbst ihr deine reine, vollkommene, tiefe und wahrhaft vorurteilsfreie Liebe. Du musst das Gefühl nur ein paar Atemzüge lang aufrechterhalten, und schon hast du sie mit Jophiels wunderschöner, heilender Zwillingsflammenenergie durchdrungen. Man muss verstehen, dass Zwillingsflammen nicht die Hälfte von irgendetwas sind. Ihre Aufgabe ist es nicht, uns zu vervollständigen oder irgendwelche Lücken in unserem Leben zu schließen. Das Gegenteil ist der Fall: Unsere Zwillingsflammen sind Verstärker. Sie unterstützen unseren Funken, indem sie uns als vollständig und ganz wahrnehmen, und sie sind ausgestattet mit jener bedingungslosen Liebe, über die nur Zwillingsflammen verfügen. Nichts, was du tust, hast, bist oder sagst, könnte jemals deinen Wert, Sinn oder deine Daseinsberechtigung in den Augen deiner Zwillingsflamme schmälern.

Die Zwillingsflammenenergie und die Macht der 222 lassen dich wissen, dass du synchron gehst mit einer deiner Zwillingsflammen. Ihr beide empfindet zum gleichen Zeitpunkt ähnlich. Zwischen euch besteht eine unheimliche Verbindung, in der Details eurer beider Leben in Bezug auf Erfahrung widerhallen. Fast fühlt es sich an, als seid ihr beide bei der Geburt, allerdings in einer anderen Dimension, getrennt worden, und nun begegnet ihr einander wieder auf dieser Ebene, um einander die Herzen weit offen zu halten. Wir haben viele Zwillingsflammen im physischen Reich, aber auch solche in nichtphysischer Form, was bedeutet, dass es keine Rolle spielt, mit welcher Zwillingsflamme du dich verbindest, wenn sich die 222 in deinem Leben zeigt. Jophiel möchte, dass du dir die Situation folgendermaßen ausmalst: Stell dir vor, dass du dich in einem Spiegelkabinett befindest und dass du überall, wohin du schaust, dich selbst erblickst. Du siehst dich nicht zur Hälfte, sondern ganz, denn du bist ja keine halbe Person oder halbe Energie. Trotzdem weißt du auch, dass du diese Spiegelbilder nicht bist, auch wenn es so aussieht. Du hast ein Gefühl von Vertrautheit, doch zugleich ist da auch ein Unterschied. So, erklärt uns Jophiel, fühlt sich eine Zwillingsflamme an. Ähnlich und zugleich anders, in Form und formlos, denn diese Äußerlichkeiten spielen keine Rolle, da es niemals um die Person geht, sondern vielmehr um das Gefühl, die Schwingung und die Verbindung.

Deshalb kannst du dich auch dann mit deiner Zwillingsflamme verbinden, wenn du weißt, dass eine von ihnen ihr physisches Kostüm schon längst abgeworfen hat oder sich überhaupt nie auf eine physische Inkarnation eingelassen hat. Im Augenblick, während du dir dieses Kapitel zu Gemüte führst, verbindest du dich mit der Zwillingsflammenenergie des Engels. Ab dem Zeitpunkt, zu dem du dieses Buch aufgenommen hast, um es zu lesen, hast du es zugelassen, von der engelsgleichen Zwillingsflammenenergie durchdrungen zu werden. Du musstest lediglich die Seiten dieser Veröffentlichung umblättern, was ja eher einem Gefühl als einem Gedanken glich. Du könntest sogar behaupten, dass es ein Aufblitzen von Inspiration war, das der Macht der 222 ähnelt.

Erzengel Jophiels Visualisierung/Meditation

Dich der Heilung der Zwillingsflammenenergie öffnen

In dieser geführten Meditation wirst du eine Verbindung herstellen mit der engelhaften, heilenden Zwillingsflammenenergie. Man kann diese Energie weder richtig noch falsch erleben. Sie zeigt sich jedem Menschen unterschiedlich. Manche werden im Verlauf der Meditation Körperempfindungen haben – Hitze, Kälte oder vielleicht etwas wie eine Berührung im Gesicht oder am Kopf. Andere sehen möglicherweise Farben oder empfinden eine allgemeine Intensivierung ihrer Sinneswahrnehmungen. Wieder andere bemerken beim ersten oder sogar beim zweiten und dritten Mal zunächst gar nichts. Das ist nicht schlimm und vollkommen normal. Doch sei dir bewusst, dass Jophiel bei dir sein wird, egal was passiert oder nicht passiert. Sie birgt dich in ihren Flügeln und erfüllt deinen Schwingungskörper mit der heilenden Kraft der Zwillingsflammenenergie.

Sorge dafür, dass du diese Meditation an einem ruhigen Ort machen kannst, an dem dich niemand stört. Wenn es dir richtig erscheint, kannst du zwei rosafarbene Kerzen anzünden und sie während der gesamten Meditation brennen lassen. Aber vergiss nicht, sie am Ende zu löschen. Du könntest die Anleitung zu dieser Meditation aufnehmen und dann abspielen, damit du nur zuzuhören brauchst und die Augen schließen kannst. Oder aber du behältst deine Augen offen und liest die Anweisungen. Wie du dich auch entscheidest, du wirst Zugang zur Energie finden und von ihr profitieren.

Verhalte dich so, wie es sich am besten für dich anfühlt.

Lass uns anfangen.

Atme mehrmals tief durch die Nase ein und durch den Mund wieder aus. Dehne dein Atmen weiter aus, indem du die Luft noch tiefer in deine Lunge ziehst. Während sich dein Brustkorb weitet, entspanne deine Schultern, spüre, wie die Spannung langsam aus deinem Nacken und Rücken weicht und wie die Entspannung sich entlang deiner Wirbelsäule bis in deinen Steiß, deine Hüften, Oberschenkel, Knie, Knöchel und Zehen ausbreitet. Atme ein weiteres Mal tief durch die Nase ein, und entlasse jegliche Widerstände durch den Mund.

Indem du in einen tieferen Entspannungszustand gelangst, richte deine Atemarbeit auf dein Herzzentrum aus. Atme durch die Nase ein und durch das Herz aus und erweitere dabei nach und nach dein Herzzentrum. Falls du dich in irgendeiner Weise unwohl fühlst, verlangsame deine Atemarbeit noch weiter und atme tiefer, nicht schneller. Konzentriere dich auf das Licht, das aus deinem Herz-Chakra ausströmt. Beobachte, wie es sich mit jedem Ausatmen immer weiter ausbreitet. Setze deine Tiefenatmung fort, und gestatte es dem Licht, deinen Körper ganz und gar wie in einer schönen schützenden Hülle zu umschließen.

Bitte jetzt Erzengel Jophiel, in dein Bewusstsein einzutreten und deine schützende Hülle mit ihren Armen zu umfangen, dich und deine Herzenergie sanft wiegend. Sobald ihre Hände deine schöne schützende Hülle berühren, erfüllen sie sie mit der Heilkraft der Zwillingsflamme. In der Folge mag sich die Farbe deiner Schutzhülle verändern oder auch nicht. Es könnte sie zum Glitzern, Funkeln und Glänzen bringen. Mit jedem Einatmen eignest du dir diese Energie an. Mit jedem langsamen, tiefen Luftholen dringt die einzigartig heilende Energie der Zwillingsflamme in deinen Körper ein. Spüre, wie die Energie mit deinem Atem deine Kehle berührt, wie sie in deine Lunge gelangt, deinen Brustkorb weitet und von dort deinen Magen und Unterbauch ausfüllt.

Nimm wahr, wie sich die Energie der Zwillingsflamme in deine Hüften, Beine, Füße und Zehen hinein ausbreitet.

Atme ein weiteres Mal regenerierende Zwillingsflammenenergie ein, und erlebe, wie sie in deine Arme, Ellbogen, Handgelenke und Finger einströmt. Spüre, wie diese heilende Quellenergie, mit der Jophiel dich erfüllt, ausgehend von der Wirbelsäule in deine Schultern gelangt, deinen Rücken durchdringt bis hinein in dein Gesäß. Mit einem weiteren Atemzug füllt sie deinen Mund, die Zähne, Zunge und dein Zahnfleisch, breitet sich aus über deine Wangen, in deine Ohren, in die Nebenhöhlen und Augen, über deine Stirn und das dritte Auge, um deinen Körper durch den Scheitel zu verlassen.

Halte deine Hände mit den Handflächen nach oben vor dich, damit diese Energie durch dich ausstrahlen kann. Unblockiert strömt die Energie durch deine Fußsohlen, deine Handflächen und deinen Scheitel aus. Mit weiteren tiefen Atemzügen gewährst du ihr Zugang zu jeder Zelle deines Körpers. Atme die Energie durch deine Nase ein, und lass allen Widerstand, den du vielleicht dagegen hast, sie in dich aufzunehmen, aus deinem Körper entweichen. Gestatte es der Zwillingsflammenenergie, dich mit Liebe, Unterstützung, Führung und Zugehörigkeitsgefühl zu durchdringen. Mit weiterer Tiefenatmung lässt du dich noch rückhaltloser in die Arme von Jophiel sinken. Spüre, wie du in ihrer Umarmung schwebst und wie sie dir ihre Heilung schenkt. Atme, entspanne und sei offen.

Wenn es irgendetwas gibt, von dem du dich befreien und das du dem Engel überlassen möchtest, dann ist jetzt der richtige Zeitpunkt. Entlasse es aus deinem Herzen in die schützende Hülle. Beobachte, wie es sich in Jophiels Hände begibt. Gestatte es dem Erzengel, das von dir Abgestoßene ein für alle Mal aus deiner Aura beziehungsweise aus deinem Energiefeld zu entfernen. Lass es nach einem weiteren tiefen Atemzug los, und entspanne dich. Bitte Jophiel danach, ihre Heilarbeit damit abzuschließen, dass sie erst deine Aura reinigt und Blockierungen, die deine Zwillingsflammenenergie am freien Fluss hindern könnten, entfernt und sie danach auf gleiche Weise auch mit deiner Bogenlinie – dem Bereich deiner Aura, der deinen Kopf von Schulter zu Schulter umschließt – verfährt. Wenn sie fertig ist, dann danke ihr für ihr heutiges Kommen und für ihre engelhafte Heilung.

Konzentriere dich jetzt wieder ausschließlich auf deinen Atem, und ziehe mit jedem langsamen, stetigen und tiefen Luftholen deine Energie zurück in deinen Körper. Jeder neue Atemzyklus wird dir deinen physischen Körper etwas bewusster machen. Deine Erdung, Wachheit und Aufmerksamkeit verstärken sich. Ein letztes Atemholen bringt dein gewachsenes Bewusstsein zurück in den Raum und in die Zeit der Gegenwart. Mit einem allerletzten langsamen und gleichmäßigen Atemzug öffnest du deine Augen, bewegst deine Zehen und lockerst kreisend deine Schultern.

Einen Altar für die 222 und Erzengel Jophiel einrichten

Von allen Engeln ist Jophiel der mädchenhafteste. Ich lasse mich nicht gerne darauf ein, Schwingungsenergie durch eine Geschlechtszugehörigkeit zu kategorisieren, doch Jophiel hat kein Problem damit, das sprühende Mädchen im Engelreich zu sein, das eine Vorliebe für die Farbe Rosa hat. Andererseits sollte es dich natürlich auch nicht beunruhigen, wenn sie sich dir nicht auf diese Weise zeigt. Das ist vollkommen in Ordnung. Mir offenbart sie sich mit ihren mädchenhaften Vorlieben und hält es so auch bei den meisten anderen, mit denen ich mich über die Jahre über Jophiel ausgetauscht habe. Vergiss nicht, dass sich nicht alle Engel auf die Beschreibungen ausrichten, die ich in diesem Buch gebe, da ist Jophiel keine Ausnahme. Sei jedoch nicht überrascht, wenn sich dein Altar für sie und die Energie der 222 als reich an Rosatönen entpuppen wird. Das ist ihre Art, dein Herz-Chakra zu öffnen und dein Leben langsam und subtil mit Herz-Chakra-Energie aufzuladen. Erst durch Jophiel habe ich die heilende Kraft der Farbe Rosa kennengelernt, und, glaube mir, nie wäre ich darauf gekommen, dass ich je etwas Rosafarbenes besitzen könnte. Inzwischen blitzt überall in meinem Haus etwas Rosafarbenes auf, auf meinem Altar und in meinem Kleiderschrank. Bei der Arbeit mit Zwillingsflammenenergie geht es darum, die Energie zu verkörpern. Jophiel tut dies durch die Wahl ihrer Farben – im Wesentlichen allesamt Rosatöne. Für deinen Zwillingsflammenaltar benötigst du ein Bild von Jophiel, eine rosafarbene Kerze, ein Blatt Papier, auf das du die 222 größtmöglich aufgeschrieben hast, eine Prise Salz, eine Handvoll Erde, ein paar Federn und so viele glitzernde Gegenstände, wie du selbst nur erträgst. Außerdem wirst du ein Gebet oder eine Intentionsaussage für Jophiel und die 222 formulieren wollen. Du könntest mit folgendem Wortlaut beginnen: »Jophiel, ich gestatte es dir, mich auf meine Zwillingsflammenenergie auszurichten. Ich erlaube es dir, langsam und vorsichtig mein Herz zu öffnen und mich mit Zwillingsflammenliebe zu durchtränken.«

Sobald dein Altar vorbereitet ist, solltest du ihn mit einem Spray oder einer Kräuterräucherung deiner Wahl reinigen. So kannst du den Raum mental, physisch und spirituell frei machen und für deine Gebetsarbeit in die richtige Lage versetzen.

Sobald deine Vorbereitungen abgeschlossen sind, nimm ein paar tiefe Atemzüge, entzünde deine Kerze und sprich deine Intention laut aus, indem du sie mit folgenden Worten einleitest: »Ich rufe Erzengel Jophiel und die Energie der 222, damit sie meine Intention hören und mir helfen, sie auf liebevolle Art und Weise zu verwirklichen. Möge sich diese Intention zu meinem eigenen Besten und zum Besten aller möglicherweise beteiligten Personen verwirklichen.« Dann liest du laut deine Intentionsaussage beziehungsweise dein Gebet vor: »Ich habe die Intention ... Ich bete dafür ...«

Um das Ritual zu beenden, kannst du entweder die Kerze ausblasen oder sie, falls das gefahrlos möglich ist, weiter brennen lassen. Solltest du dich entschließen, deine Kerze zu löschen, dann sprich zunächst die folgenden Worte: »Indem ich diese Kerze ausblase, vertraue ich darauf, dass ihr Rauch meine Intention hinauf in den Himmel trägt, damit sie das Universum manifestieren kann. Ich bin bereit, das zu empfangen, worum ich bitte, und so sei es.« Dann kannst du die Kerze löschen.

Nun, da du deine Intention/dein Gebet ausgesprochen hast, ist es deine Aufgabe, offen und wach zu sein. Ich weiß, das hört sich albern an, aber ab sofort wirst du mehr und mehr Rosafarbenes wie auch die Zahlenfolge 222 immer öfter bemerken. Sie lassen dich wissen, dass du dein Herz heilst, deine Zwillingsflammenverbindung stärkst und dich auf tiefere Liebe ausrichtest.

Hinweise für automatisches Schreiben

Sobald du deine Gebetsarbeit geleistet hast oder vielleicht auch bereits nach der Visualisierung, wirst du feststellen, dass deine Verbindung zu Jophiel offener ist und dass Mitteilungen und Informationen langsam oder schneller einzutreffen beginnen. Wenn es dir richtig erscheint, dann nimm dir dein Tagebuch vor und schlage Kapital aus diesem Kommunikationsweg. Du könntest der Seite die Überschrift »Gespräche mit Jophiel und der 222-Schwingungsenergie« geben. Weil es ja um Jophiel geht, möchtest du vielleicht plötzlich mit Glitzerstiften schreiben. Sollte das der Fall sein, dann lass es einfach geschehen. Falls du bereits früher mit Jophiel zusammengearbeitet hast, könntest du zu einer gemeinsamen Tagebucharbeit mit ihr bereit sein, um herauszufinden, welche Zwillingsflammenbotschaften sie für dich hat, oder du nutzt die nachfolgenden Hinweise, um in Gang zu kommen und um dich besser auf Jophiels Energie auszurichten:

1. Jophiel, wie kann ich feststellen, ob du in der Nähe bist?
2. Auf welche meiner Zwillingsflammen soll ich mich der 222 zufolge konzentrieren und warum?
3. Warum war es bisher so schwierig für mich, eine gesündere Beziehung zu meiner Zwillingsflammenenergie herzustellen?
4. Wie kann ich heute handeln, damit es mir besser gelingt, mich von meinen Ängsten und Widerständen zu befreien?
5. Wie kann es mir heute helfen, wenn ich mich auf die Energie der 222 ausrichte?

Engelkristall: Ametrin

Dieser Kristall verschmelzt die Schwingungen zweier unterschiedlicher Minerale miteinander: Amethyst und Zitrin. Er verkörpert auf vollkommene Weise die Schwingung zweier Wesen, die eine gemeinsame Erfahrung machen. Deshalb vereint Ametrin die 222-Schwingung und die Energie von Erzengel Jophiel.

Zu den magischen Materialien, die du für die nachfolgende Übung benötigst, gehören ein Ametrin in einer Größe, die eine Hand umschließen kann, zwei einzelne 5-Euro-Scheine oder zwei 2-Euro-Münzen, ein Blatt Papier (ein Klebezettel reicht aus) und ein rosafarbener Marker oder Stift. Schreibe die Zahl 222 so groß wie eben möglich auf dein Blatt Papier, und lege es gut sichtbar vor dich. Dann kommen der Ametrin und das Geld zum Einsatz. Wickle den Stein in die Geldscheine oder halte die Münzen zusammen mit dem Kristall in der Hand, mit der du nicht schreibst. Führe diese Hand an dein Herz, und hefte deinen Blick auf die 222, die du in Rosa auf dein Blatt Papier geschrieben hast. Richte dich auf, vertiefe deine Atmung und sprich das nachfolgende kurze Gebet:

> *Liebe Jophiel,*
> *komm zu mir. Segne mich mit deiner Energie, und zeige mir, wie ich mein Herz für die Zwillingsflamme öffnen kann. Erfülle diesen Kristall mit der Macht der 222, damit ich deine gesegnete Schwingung ununterbrochen bei mir tragen kann. Verbinde mein Geld mit der Frequenz meiner Zwillingsflamme, damit ich weiß, dass ich, immer dann, wenn ich diese Scheine oder Münzen bei mir habe, meine Segnungen verdopple. Öffne meine Augen für die Schönheit in meinem Leben, und führe mich zu meiner nächsten Zwillingsflammenverbindung. Göttlicher Engel, ich ehre dich und diene dir. Ich danke dir dafür, dass du jetzt hier bei mir bist. So wie es unten ist, so möge es auch oben sein.*

Beseitige dein Papier, und trage deinen Kristall bei dir, wenn du eine Verbindung zur Macht der 222 spüren oder

Jophiels Zwillingsflammenmacht anrufen willst. Lege dein Geld zurück in dein Portemonnaie, und behalte es die nächsten sieben Tage bei dir. Dann gib es aus, und entlasse damit die Energie der Zwillingsflammensegnung in die Welt. Du kannst die Übung jederzeit wiederholen, wenn du daran erinnert werden möchtest, wie sehr du gesegnet bist, oder wenn du noch mehr Zwillingsflammensegnungen in die Welt des Handelns einbringen willst.

Möchtest du die Ladung deines Zwillingsflammenkristalls noch zusätzlich vergrößern? Natürlich möchtest du das! Hierzu legst du deinen Ametrin vor dem Zubettgehen auf das Fensterbrett und lässt ihn dort bis Mittag am nächsten Tag liegen. Diese einfache Methode sorgt dafür, dass sich dein Kristall mit Mond- und Sonnenenergie gleichermaßen auflädt.

Zusatzzahlen für die Arbeit mit Erzengel Jophiels Energie

220: Eine deiner beiden Zwillingsflammen richtet dich auf eine neue herzzentrierte Gelegenheit aus.
221: Eine deiner beiden Zwillingsflammen drängt dich, dich bei jemandem in deiner Gemeinschaft oder an deinem Arbeitsplatz stärker auf eine Mentorenrolle einzulassen. Bewahre dir deine Offenheit.
223: Jetzt ist die Zeit für Zwillingsflammenmanifestation. Deine Manifestationsenergie verfügt über verdoppelte Kraft. Achte also auf deine Gedanken, denn du

könntest das, woran du gerade denkst, gleich doppelt hervorbringen.

224: Eine deiner Zwillingsflammen will, dass du mit dem aufhörst, was du gerade tust, und dich erst einmal dankbar für deine Segnungen zeigst. Sprich deine Dankbarkeit laut aus, damit du damit die Energie des Augenblicks einfangen kannst.

225: Eine deiner Zwillingsflammen bewirkt eine positive Veränderung in deinem Leben. Suche also nach Dingen, die heute gut laufen, denn sie sind ein Hinweis darauf, dass noch mehr Positives zu dir unterwegs ist.

226: Halte inne, lege deine Hand auf dein Herz und sprich: »Ich liebe dich.«

227: Eine deiner Zwillingsflammen hat etwas Neues organisiert und verschafft dir so eine Gelegenheit zum Lernen. Dieser Zugang zu Weisheit könnte sich überall zeigen, also halte deine Augen offen.

228: Sag deinem Körper, dass du ihn liebst und dass du seine Fähigkeit schätzt, sich mit deiner Zwillingsflamme zu verbinden. Mach einen tiefen Atemzug, und verfolge aufmerksam, wie die Luft in deinen Körper gelangt und ihn wieder verlässt.

229: Ein karmischer Zyklus mit einer deiner Zwillingsflammen findet ein Ende. Halte also Ausschau nach Abschlüssen, und versuche nicht, das Auslaufen seiner Energie zu verhindern.

4. KAPITEL

333 – Erzengel Haniel: *Lass dein Herz Musik für deine Ohren schaffen*

»Die Sprache des Herzens ist viel verspielter als alle Worte, die du mit deinen Ohren hören kannst. Horche den Beats nach, schwinge mit dem Rhythmus und tanze dich hinauf auf einen Weg zu Frequenzen, die sich besser anfühlen.«

Die tiefere Bedeutung der 333

Die Engelzahl 333 erinnert dich daran, dass deine Ohren, was du hörst und die Klänge, die dich umgeben, auf die Sprache deines Herzens ausgerichtet sein sollten. Das Herz spielt eine freudige, verspielte Melodie, die in einem natürlichen und stetigen Rhythmus fließt. Sie gedeiht durch eine positive, optimistische Sprache und eine Mentalität des »Ich schaffe das!«. Das Herz kennt keine Grenzen und versteht nicht die Sprache des Mangels, der Angst, der Schuld oder Scham. Vielmehr wird es sich automatisch zusammenziehen, sobald diese Begriffe durch deine Stimme in ihre schwingende Existenz gehoben werden. Die Engelzahl 333 ist der Anstoß, den du brauchst, um in einen liebevolleren und mitfühlenderen Dialog mit dir selbst und den Menschen in deinem Umfeld einzutreten.

Erzengel Haniel will dich wieder in Kontakt bringen mit deiner Freude, deinem Wohlergehen und vor allem mit deiner tiefen, aufrichtigen und bedingungslosen Liebe zum Leben. Viele von uns kennen Momente, in denen wir unser Leben lieben. Wir durchleben Augenblicke, von denen wir uns wünschen, sie mögen für immer fortdauern, die wir als zu gut empfinden, als dass sie wahr sein könnten. Erzengel Haniel will dich wissen lassen, dass es kein »Zu gut, um wahr zu sein« gibt. Und wenn dir unablässig 333 begegnen, dann will sie (Erzengel Haniel tritt auch weiblich in Erscheinung), dass du nach diesen Augenblicken, von denen du immer gemeint hast, dass sie dir nur ganz selten begegnen können, mit beiden Händen greifst. Sie möchte, dass du sie nahe bei deinem Herzen bewahrst, in deinem Geist polarisierst und sie nutzt, um sie zu der Sprache zu machen, die dein Herz aufzuspüren lernt. Du sollst verstehen, dass diese »Zu gut, um wahr zu sein«-Augenblicke die Art sind, wie dein göttliches Selbst sich zeigt. Sie kennen keine Grenzen, da diese Ausdruck und ein Konstrukt des Geistes sind. Das Herz weiß nichts von ihnen. Die Engelzahl 333 ist eine Erinnerung daran, dass Freude nicht nur etwas für diejenigen ist, die sie sich verdient haben oder meinen, jetzt an der Reihe zu sein. Sie ist ein unbeschränkter Zustand, zu dem du immer dann Zugang hast, wenn du es wünschst. Er gehört dir, also nimm ihn dir.

Erzengel Haniel sagt, alles fängt mit dem an, was du hörst. Was ist in deinen Ohren? Welchen Worten schenkst du Gehöhr, und was sagst du? Der Vibrationsstrudel der Sprache in deinem Umfeld gibt den Ton an für alles, was du erlebst. Haniel und die 333 sagen: »Hör zu, hör wirklich zu und pass genau auf. Welche Melodie hat dein Leben? Welches Lied vernimmst du in einer Endlosschleife, und achtest du wirklich darauf, wie es die Welt erschafft, an der du beteiligt bist?« Es ist auf eine ironische Weise lustig, dass wir Menschen erst auf diese Zusammenhänge hingewiesen werden müssen. Oftmals ist es sogar erforderlich, dass wir vermehrt darauf gestoßen werden, weil wir sie wie sich wiederholende Zahlen mehrmals sehen müssen, bevor wir sie tatsächlich wahrnehmen. Wenn die 333 in deinem Leben aufblitzt, dann sei dir bewusst, dass es an der Zeit ist, auf Dinge zu achten, die ein Lächeln in dein Gesicht zaubern und einen Hüftschwung bei dir auslösen. Achte darauf, auch wirklich jede Gelegenheit für Freude zu nutzen, die deinen Weg kreuzt. Stimme dich ein auf dein Herz wie auf die Musik aus einem Radio, und lass dich von ihm führen. Finde den Sender, der deine Stimmung hebt, deine Seele in Schwung bringt und dich in den Fluss grenzenlosen göttlichen Glücks führt, zu dem du so leicht Zugang hast.

Erzengel Haniel

Erzengel Haniel ist verbunden mit dem Planeten Venus, der großen Göttin der Liebe, Schönheit, des Vergnügens und natürlich der Freude. In vielerlei Hinsicht ist Haniel der Erzengel, der uns hilft, Zugang zu göttlicher Liebe und Freude zu finden und diese zu verkörpern. Das bedeutet, einen Zusammenhang zwischen diesen immateriellen Begriffen und dem Materiellen herzustellen, etwa mit deinem physischen Körper, und das ist der Grund, warum zwischen Erzengel Haniel und der Musik so besonders gerne ein Zusammenhang hergestellt wird. Nichts vermag dich so gut in Tuchfühlung mit deinem Körper zu bringen wie Musik. Musik berührt dich. Sie kann dich erfüllen, deine Stimmung verwandeln, dein Strahlen verstärken, deinen Glanz hervorheben und deine Gefühlslage verändern. Wenn wir über Haniels Verbindung zu der Göttin der Liebe nachdenken, dann erscheint es nachvollziehbar, dass sie uns zum sorgfältigen Auswählen dessen drängt, womit wir uns fördern und nähren. Wie jede gute Mutter will sie für uns nur das Beste, und deshalb schickt sie dir die 333 als Erinnerung. Die 333 ruft uns zu: »Liebes, wie willst du heute deinen Geist, dein Herz und deine Seele nähren?«

Worte haben Macht, und niemandem ist dieser Zusammenhang so gegenwärtig wie Haniel. Sie weiß außerdem, dass dein Geist zu allem Ja und Amen sagt, was du ihm mitteilst, also sag ihm Gutes. Sag ihm Schönes. Sag ihm die Dinge, die du einem Menschen sagen würdest, den du wirklich und wahrhaftig liebst. Auf diese Weise kannst du überprüfen, was zu hören du dir gestattest. Würdest du denn bei einem Menschen, der dir besonders kostbar ist, wollen, dass er immer nur einer Sprache sein Gehör schenkt, die ihn runterzieht und kleinmacht? Natürlich nicht. Wenn du zusehen müsstest, wie ein Mensch, den du liebst, sich unablässig ungerechtfertigt selbst kritisiert, dann würdest du alles nur Erdenkliche tun, um ihn davon abzubringen. Nun, du kannst Haniel und die 333 als Gedankenstütze begreifen, die dich mahnt, Selbstbezichtigungen einzustellen. Sie wollen stattdessen, dass du dir etwas Gutes in die Ohren stöpselst, das dich belebt, dir Frieden bringt und es dir erlaubt, mit dem göttlichen Rhythmus der Liebestrommel des Universums zu fließen. Haniel möchte wissen, was in deinem Herzen ist. Sie ist sehr an dem interessiert, was dein Herz zu sagen hat. Sie will herausfinden, wie es schlägt und welche Art Input dafür sorgt, dass es sich lebendig fühlt.

Erzengel Haniel weiß, wie leicht wir Menschen uns schöne liebevolle Erfahrungen ausreden. Wir stellen uns selbst und andere beteiligte Personen infrage und bezweifeln unser Bedürfnis nach Dingen, weil andere sie als belanglos abtun, obgleich unser Herz sie begehrt und sich auf ihre Sprache ausrichtet. Haniels Lektionen können knifflig sein, jedenfalls waren sie das für mich. Ich war durch und durch darauf programmiert, Ausschau nur nach sozial akzeptiertem Lebenswichtigem zu halten. Doch durch sie habe ich erkannt, dass das, was mein Herz als lebenswichtig einstuft, für die Herzen anderer nicht die gleiche Bedeutung haben muss. Mit anderen Worten: Was dein Herz zum Singen bringt, zeitigt bei anderen nicht zwangsläufig ebensolchen Erfolg, denn wir alle begehren Unterschiedliches. Die 333 lehrt uns also, wenn du erhältst, was du dir wünschst, weil du auf dein Herz hörst, dann regst du damit möglicherweise andere ebenfalls dazu an, ihrem Herzen zu vertrauen und so ihre Wünsche erfüllt zu bekommen. Andererseits vermitteln wir unseren Mitmenschen, indem wir auf das verzichten, wonach wir uns sehnen, und unserem Herzen kein Gehör schenken, gleichfalls die Musik in ihren Herzen zu ignorieren. Das ist eine weitere engelhafte Lektion in Sachen Ausdehnung und Minderung. Entweder sind wir Mitschöpfer der Ausdehnung oder der Minderung. Wäre es nicht unglaublich, wenn wir alle Mitschöpfer der Ausdehnung sein könnten? Jetzt und hier haben wir die Gelegenheit zum Üben. Höre auf dein Herz, finde seine Melodie und tanze dich in ein von Schönheit erfülltes Leben, das dir perfekt passt wie ein Handschuh.

Erzengel Haniels Visualisierung/Meditation

Einstimmung auf eine positive Einstellung

In dieser geführten Meditation wirst du eine Verbindung herstellen mit Erzengel Haniel und der Schwingungsenergie der 333. Man kann diese Energie weder richtig noch falsch erleben. Sie wird sich jedem unterschiedlich zeigen. Manche werden im Verlauf der Meditation Körperempfindungen haben – Hitze, Kälte oder vielleicht etwas wie eine Berührung im Gesicht oder am Kopf. Möglicherweise bemerkst du ein Kribbeln im Bereich deines Kopfes, während du den Anweisungen folgst. Andere sehen möglicherweise Farben oder nehmen eine allgemeine Intensivierung ihrer Sinneswahrnehmungen wahr. Wieder andere spüren beim ersten oder sogar beim zweiten und dritten Mal zunächst gar nichts. Das ist nicht schlimm und vollkommen normal. Doch sei dir bewusst, dass Haniel bei dir sein wird, egal was passiert oder nicht passiert. Sie bereitet dir einen heiligen Raum, in dem du alles erforschen kannst, was du während eurer Zeit zusammen konzentriert und bewusst erforschen willst.

Sorge dafür, dass du diese Meditation an einem ruhigen Ort machen kannst, an dem dich niemand stört. Du benötigst eine rosafarbene Kerze, da diese Farbe mit dem Herzen übereinstimmt. Zünde sie an, und lass sie während der gesamten Meditation brennen. Sie wird dir helfen, dich zu fokussieren und deinen Geist zu beruhigen. Aber vergiss nicht, die Kerze am Ende der Meditation zu löschen. Du könntest die Anleitungen zu dieser Meditation aufnehmen und dann abspielen, damit du nur zuzuhören brauchst und die Augen schließen kannst. Oder aber du behältst deine Augen offen und liest die Anweisungen. Wie du dich auch entscheidest, du wirst Zugang zur Energie finden und von ihr profitieren.

Für diese Meditation sollst du ein Musikstück auswählen, dass dich anregt und erhebt. Wähle das Lied auf der Basis seines Textes. Er sollte positiv, lebensbejahend und stärkend sein. Falls es dir schwerfällt, ein Stück auszuwählen, dessen Text nicht traurig, wütend oder ängstlich ist, dann entscheide dich auf alle Fälle lieber für ein Mantra. Auf Spotify und YouTube kannst du unter zahlreichen Mantras auswählen. Ich rate zu »Guru Ram Das« von White Sun. Sobald du dein Lied oder Mantra ausgewählt hast, fang an und spiel es mit automatischer Wiederholung ab. Dann entzündest du deine rosafarbene Kerze und richtest dich ein, um zu meditieren. Konzentriere dich auf die Flamme, und lausche den Worten des Liedes. Dabei machst du langsame, tiefe und lange Atemzüge. Beim Atmen lässt du deine Schultern sinken und spürst, wie sich die Anspannung in deinem Hals und oberen Rücken auflöst. Beobachte beim Atmen die Kerzenflamme. Entspanne dich so gut wie möglich, während du dein Lied oder dein Mantra im Hintergrund weiterspielen und deine Energie verschieben lässt. Sobald du dich gut fühlst, konzentriert, entspannt und im Augenblick angekommen, richte deinen Geist auf die Musik. Höre dir den Text genau an. Spüre ihren Rhythmus. Lass deinen Körper von der Melodie überschwemmen, und wiege dich vielleicht sogar ein wenig. Gestatte es deinem Geist nicht, sich vom Text zu entfernen. Wenn es dir dann leichter fällt, kannst du auch mitsingen. Bleibe wenigstens zwei bis drei Durchgänge dabei, und führe erst danach deinen Geist und deinen Fokus wieder zu der Kerzenflamme. Mach langsame, tiefe, lange Atemzüge, und kehre in den Augenblick und in das Zimmer zurück. Spüre das Gewicht deines Körpers, während du auf dem Meditationskissen oder auf dem Stuhl sitzt. Wenn du bereit bist, dann steh auf und beginne mit deinem Tag, lösche die Kerze und stell die Musik aus.

Diese einfache Meditation, die wenig mehr ist als bewusstes Zuhören, verbindet dich mit der Energie der 333 und von Erzengel Haniel. Sie führt dich in einen Zustand der Freude und verleiht deiner Aura größere Strahlkraft.

Einen Altar für die 333 und Erzengel Haniel einrichten

Dieser Altar dient dir, damit du, wenn es für dich an der Zeit ist, dich für Freude, Liebe und Spaß zu öffnen, deine Energie fokussieren kannst. Oder vielleicht möchtest du auch deine Schwingungen neu einstellen, indem du bewusst mit der 333 arbeitest. Die Energie der 333 und Erzengel Haniel einzubringen unterstützt dich darin, Platz für mehr Spiel in deinem Leben freizuhalten. Sobald du eine Abbildung von Haniel für deinen Altar gefunden hast, schreibst du die Zahlenfolge 333 und ein persönliches, an Erzengel Haniel gerichtetes Gebet auf ein Blatt Papier. Du hast die Möglichkeit, diesen Text auszudrucken, ihn handschriftlich zu formulieren oder zu kalligrafieren; das ist deine Entscheidung, und du kannst ihn nach deinem persönlichen Geschmack gestalten und dekorieren. Außerdem steht es dir frei, den Altar mit Blumen, Kristallen, Salz, Erde und natürlich einer Kerze zu schmücken. Die Kerze sollte rosafarben sein, aber wenn du keine zur Hand hast, dann geht auch eine weiße. Richte deinen Altar an einem Ort ein, wo du nicht gestört wirst, wenn du ihn nutzt. Wie viel Zeit du vor ihm verbringst, bleibt dir überlassen. Du könntest es für ausreichend halten, dein Gebet nur einmal zu verrichten oder an zehn aufeinanderfolgenden Tagen. Du entscheidest.

Sobald dein Altar eingerichtet ist, solltest du ihn mit einem Raumspray oder einer Kräuterräucherung deiner Wahl reinigen. Geeignet sind Rosmarin, Lavendel und Rose, da sie im höchsten Maß auf das Herz-Chakra ausgerichtet sind. Diese physische Handlung hilft dir, den Raum mental und energetisch vorzubereiten und ihn für dein Gebet beziehungsweise für deine Zauberarbeit ins richtige Bild zu setzen.

Hast du deine Vorbereitungen abgeschlossen, dann nimm ein paar tiefe Atemzüge, entzünde deine Kerze und trage deine Intention laut vor, indem du mit folgenden Worten beginnst: »Ich rufe Erzengel Haniel und die Energie der 333, damit sie meine Intention hören und mir helfen, sie auf eine möglichst harmonische Art und Weise zu verwirklichen. Möge sich diese Intention zu meinem eigenen Besten und zum Besten aller möglicherweise beteiligten Personen verwirklichen.« Dann liest du laut deine Intentionsaussage beziehungsweise dein Gebet vor: »Ich habe die Intention … Ich bete dafür …«

Um das Ritual zu beenden, kannst du entweder die Kerze ausblasen oder sie, falls das gefahrlos möglich ist, weiter brennen lassen. Falls du dich entschließt, deine Kerze zu löschen, dann sprich zunächst die folgenden Worte: »Indem ich diese Kerze ausblase, vertraue ich darauf, dass ihr Rauch meine Intention hinauf in den Himmel trägt, damit sie das Universum manifestieren kann. Ich bin bereit, das zu empfangen, worum ich bitte, und so sei es.« Dann kannst du die rosafarbene Kerze löschen und dein Tagebuch zur Hand nehmen, falls du gleich danach in den nachfolgend beschriebenen Prozess des automatischen Schreibens eintreten willst.

Hinweise für automatisches Schreiben

Sobald du deine Gebetsarbeit geleistet hast oder vielleicht auch bereits nach der Visualisierung, wirst du feststellen, dass deine Verbindung zu Haniel offener ist und dass Mitteilungen und Informationen langsam oder schneller einzutreffen beginnen. Dies kann geschehen in einzelnen Worten, ganzen Sätzen oder in einer Form von innerem Wissen. Weil du mit Haniel und Musik arbeitest, kann sie dir ihre Mitteilung als Lied übermitteln, das sich wie ein Ohrwurm in deinem Kopf festsetzt. Wenn es dir richtig erscheint, dann nimm dir dein Tagebuch vor und schlage Kapital aus diesem Kommunikationsweg. Du könntest der Seite die Überschrift »Gespräche mit Haniel und der 333-Schwingungsenergie« geben. Wenn du mit Tagebuchschreiben vertraut bist, dann kannst du ohne weitere Vorbereitungen loslegen, weil du weißt, wie du die zarten Anstöße durch die Informationen, die von der 333 und von Erzengel Haniel zu dir fließen, aufzufassen hast. Sollte Tagebuchschreiben jedoch neu für dich sein, steht es dir frei, die nachfolgenden Hinweise zu nutzen, damit du in Gang kommst:

1. Haniel, wie kann ich feststellen, ob du in der Nähe bist?
2. Wie kann ich heute zu meiner Freude finden?
3. Warum habe ich mich bisher damit abgequält, um der Energie von Freude, Spaß und Spiel Zugang zu meinem Leben zu gewähren?
4. Wie gelingt es mir am heutigen Tag, mich von meinen Widerständen gegen alles Spielen zu befreien und mir

den Zugang zum Strom von Fülle, Freude und Liebe zu gestatten?
5. Wie kann es mir heute helfen, wenn ich mich auf die Energie der 333 ausrichte?

Möglicherweise wirst du feststellen, dass diese Hinweise dich bereits in einen Schreibfluss bringen und dass du, noch ehe du dir dessen bewusst bist, über sie hinauswächst. Lass dich auf den Prozess ein, vertraue darauf, dass Haniel deine Hand führt, und verzichte zunächst darauf, das, was kommt, durch die Brille der Logik zu betrachten.

Engelkristall: Rubin

Von alters her werden Rubine mit Reichtum, Schönheit und Königtum in Zusammenhang gebracht. Ihre rote Färbung verbindet sie mit dem Wurzel-Chakra, doch stehen Rubine auch mit dem Herz-Chakra in Beziehung und sind deshalb ideal dafür geeignet, um Herzenergie zu verkörpern, da diese sich auf Fülle ausrichtet. Dieser Edelstein kann dir helfen, deine Widerstände gegen alles Empfangen aufzugeben und dich dafür zu öffnen, herzbasierte Erfahrungen auszuleben. Für diese Übung wollen wir deinen Rubin mit der Verkörperungsenergie aufladen. Ob dein Rubin geschliffen oder roh ist, spielt keine Rolle. Für die Übung brauchst du also einen Rubin, ein Blatt Papier, einen Stift, eine rote Kerze, die für Leidenschaft und Begehren steht, und einen Mondkalender. Letzteren benötigst du, weil du dieses Ritual unter dem

Einfluss des Neumonds oder jedenfalls in den zweieinhalb Tagen der Neumondphase machen sollst.

Auf deinem Papier trägst du als Überschrift die 333 ein und lässt darunter eine Liste deiner Herzenswünsche folgen. Du musst das, was in deinem Herzen ist, nicht vollständig zu Papier bringen, da du den Prozess, wenn du willst, jeden Monat von Neuem wiederholen kannst. Jetzt reicht erst einmal eine Liste von fünf bis zehn Wünschen. Achte darauf, dass deine Wünsche wirklich von Herzen kommen und wie deine Kerze vor Leidenschaft und Intensität brennen. Hier geht es nicht um Realität oder um Einschränkungen. Dein Rubin, die 333 und Haniel kennen weder Begrenzungen noch Zweifel. Also, nichts wie ran! Es könnte hilfreich sein, wenn du deinen Rubin in der Hand hältst und an dein Herz drückst, während du ein paar tiefe Atemzüge machst, um dich für dein Herz zu öffnen und deinen Verstand zu beruhigen. Übereile nichts, sondern nimm dir die notwendige Zeit, und bleibe so lange sitzen, wie es für dich erforderlich ist. Sobald du deine Liste hast, wickle deinen Rubin in das Papier und lege beides auf deinen Altar für Haniel und die 333. Entzünde deine rote Kerze und rufe Erzengel Haniel. Bitte sie, deinen Kristall mit deinen Herzenswünschen zu erfüllen, und öffne deine Ohren für die Schritte, die du machen musst, und für die Türen, die sich nun vor dir auftun werden, um die Erfüllung dieser Wünsche zu ermöglichen. Ersuche Haniel außerdem darum, dass sich dir die Macht der 333 zeigen möge als wiederkehrende Erinnerung daran, dass du dich auf die Schwingungsenergie dieser Herzenswünsche ausrichten sollst.

Nach dem Ritual kannst du die Kerze brennen lassen, falls das ohne Gefahr möglich ist, oder du löschst sie aus. Lass deinen Kristall auf dem Altar liegen, bis die Neumondphase vorüber ist, wickle ihn dann aus und trage ihn in deiner Hosentasche, in deinem BH oder in einer Umhängetasche bei dir. Der Rubin wird dich mit der Schwingungsenergie der 333 verbinden und dich an Erzengel Haniel erinnern. Sie geht zum Rhythmus deines Herzschlags an deiner Seite. Sobald deine Herzenswünsche erfüllt sind, kannst du deinem Stein Ruhe gönnen. Reinige ihn, indem du ihn in ein Salzbett legst, gewähre ihm eine Räucherung mit Salbei oder Palo santo (*Bursera graveolens*) oder setze ihn dem Vollmond aus. Sobald er gereinigt ist, steht es dir frei, ihn erneut oder mit neuen deiner Herzlieder aufzuladen.

Zusatzzahlen für die Arbeit mit Erzengel Haniels Energie

330: Kannst du Freude an Dingen entwickeln, die sich erst in der Zukunft manifestieren? Genau das ist es, wozu dich diese Zahlenfolge auffordert. Stell dir alle guten Dinge vor, die sich auf dem Weg zu dir befinden, und freue dich an dem Wissen, dass deine Engel sie an irgendeinem Punkt in deiner Zukunft zu dir bringen werden.

331: Freude an dem zu haben, was du gut machst, stärkt deinen Manifestationsstrudel. Je besser es dir gelingt, Freude und Erfolg miteinander zu verbinden, desto mehr wirst du davon in deinem Leben haben.

332: Sage deinem Lebensgefährten, deinem Partner oder deiner besten Freundin, mit wie viel Freude sie dein Leben bereichern. Verschenke Freude, indem du liebst, und sorge dafür, dass sich die guten Schwingungen ausbreiten.

334: Nimm dir die Zeit, Freude in den kleinen, oft übersehenen alltäglichen Aspekten deines Lebens zu finden. Zu leicht geschieht es, dass man Dinge als gegeben hinnimmt und vergisst, dass sie im Gesamtzusammenhang des Lebens eine Rolle spielen. Zolle heute den kleinen Dingen, aus denen sich dein Tag zusammensetzt, deine Anerkennung, und freue dich daran, dass es sie gibt.

335: Es ist an der Zeit, auf die freudigen Rhythmen der Veränderung zu hören, die sacht durch deinen Tag fließen. Die betreffenden Korrekturen werden nicht groß sein, und du wirst sie normalerweise vielleicht gar nicht bemerken, aber sie sind trotzdem vorhanden. Es könnte etwas so Einfaches sein wie ein neuer Weg zur Arbeit oder ein zur Abwechslung einmal anders gezogener Scheitel. Empfinde Freude an kleinen Veränderungen, und führe dir vor Augen, wie sie den Weg bereiten für weitere erfreuliche Neuerungen in deinem Leben.

336: Heute bist du aufgefordert, dir die einfachen Freuden in deiner unmittelbaren Nachbarschaft bewusst zu machen. Vielleicht gibt es dort einen kleinen Park, den du aufsuchen kannst, eine Bibliothek mit Büchern, die du lesen möchtest, oder ein Gemeindezentrum, das dir Raum für Begegnungen mit Gleichgesinnten anbietet. Was es auch sein mag, freue dich an den Möglichkeiten, die deine Nachbarschaft für dich bereitstellt.

337: Etwas Neues zu lernen kann Spaß machen, vor allem, wenn es auf eine gute Weise vermittelt wird. Erschließe dir heute spielerische Wege, um etwas Unbekanntes kennenzulernen, und beobachte, wie es sich auf andere Lebensbereiche positiv auswirkt.

338: Manchmal schafft uns gerade das Kleine und Einfache Freude wie etwa eine einzelne Wildblume, die Postkarte eines Freundes, eine Dankes-E-Mail von einem Kunden oder ein Foto von dir mit Menschen, die du liebst. Wenn du dieser Zahlenfolge begegnest, dann wirst du daran erinnert, dass nicht alles in deinem Leben eine Großveranstaltung sein muss. Viele kleine Freuden bewirken manchmal mehr.

339: Welche Erinnerung löst in dir die meiste Freude aus? Lege sie in deinem Gedächtnis frei, und lass dich von ihr erfüllen, dir von ihr ein Lächeln ins Gesicht und Schwung in deine Hüften zaubern. Beschäftige dich so lange mit ihr, wie es geht, und setze dann deinen Tag fort.

5. KAPITEL

444 – Erzengel Samael: *Entledige dich der Brille der Egobeschränkungen*

»Das Ego ist unablässig auf das konzentriert, was ihm fehlt oder was ihm fortgenommen werden könnte. Damit schränkt es unsere Sicht ein und macht uns blind für die vielen göttlichen Segnungen, die uns auf allen Seiten umgeben.«

Die tiefere Bedeutung der 444

Die Engelzahl 444 erinnert uns daran, dass wir zwei Möglichkeiten haben, die Welt um uns herum wahrzunehmen: Entweder erscheint sie uns mangelhaft oder wir empfinden sie als gesegnet. Wenn sich die 444 zeigt, dann fordert sie dich auf, innezuhalten und deine Weltsicht, dein Leben und deine gegenwärtigen Erfahrungen zu hinterfragen. Die 444 stupst uns vorsichtig an, damit wir die Egobrille ablegen und die Segnungen erkennen, die uns das Göttliche ununterbrochen anbietet. Denn wenn wir nach den Gunstbezeugungen suchen, dann werden wir sie immerfort finden und uns auf diese Weise in einem Strudel gesegneter Energie halten. Betrachten wir jedoch die Welt und unser Leben durch die Brille des Mangels, dann sehen wir nur das, was uns fehlt. Die Folge ist, dass wir uns ausgeschlossen fühlen, abgeschnitten, vernachlässigt und übergangen. Erzengel Samael will dir die Egobrille von der Nase reißen und die Herrlichkeit des Göttlichen in dein Blickfeld rücken.

Wo und wer wir auch sein mögen, günstige Umstände lassen sich immer finden. Es könnte etwas so Grundlegendes sein wie die Tatsache, dass du lebst und dich, trotz allem, was dir zugestoßen ist, entschieden hast, dein Leben fortzusetzen. Möglicherweise befindest du dich aber auch in einem Pool von Wohltaten und setzt sie als selbstverständlich voraus – in der entwickelten Welt ist das eine weitverbreitete Charakteristik. Diejenigen von uns, die sich vielfacher Wahlmöglichkeiten und allerlei Bequemlichkeiten erfreuen, lassen sich leicht dazu hinreißen, all dies als gegeben anzunehmen und es nicht mehr als den Segen zu erkennen, den es darstellt. Die Engelzahl 444 befördert uns zurück zum Profanen, in den Alltag, zu den langsamen, stillen Gunstbezeugungen, die uns umgeben, angefangen beim Rascheln des Windes in den nächsten Bäumen bis hin zur Sonne, die in dein Gesicht scheint, und dem sauberen Wasser, das aus deinem Wasserhahn fließt. Fließendes Wasser im Inneren eines Hauses ist ein göttliches Geschenk, zu dem viele Menschen in unserer Welt keinen Zugang haben.

Wenn die 444 dir das nächste Mal ins Auge fällt, dann zähle rasch alles auf, womit du gesegnet bist. Mach dir keine Sorgen über die Größe oder über die Besonderheit deiner Segnungen, liste sie einfach auf. Beginne mit dem Einfachen, und konzentriere dich auf dein direktes Umfeld – das ist der Schlüssel zur Macht der 444. Erzengel Samael will, dass du zum Grundlegenden zurückkehrst und aufhörst, dich ständig bei den aktuellsten und funkelndsten Ablenkungen herumzutreiben. Kehre stattdessen zurück zur Magie des Gewöhnlichen, des Übersehenen, des Verpassten, zu der Magie, die sich in den Pausen zwischen Ablenkungen ereignet.

Kannst du dich jetzt sofort umsehen und zehn Segensgeschenke aufzählen?

Beim Formulieren dieses Kapitels ist mir bewusst, dass ich gesegnet bin: Ich habe einen funktionstüchtigen Laptop, Zeit zum Schreiben, ein ruhiges Haus, Internet, einen Schreibtisch, wunderschöne Bäume vor meinem Fenster, ein Glas mit kühlem, sauberem Wasser, das mich vor dem Austrocknen bewahrt, gesunde Hände und Finger, einen Geist, der diese Vorstellungen im Fluss hält, und natürlich eine gute Sitzgelegenheit, die mir eine bequeme Arbeitshaltung ermöglicht. All das sind Gunstbezeugungen. Alle diese Elemente hat mir das Göttliche zur Verfügung gestellt, damit ich bei der Stelle und nützlich sein, meine Arbeit tun und meine Mission zum Abschluss führen kann. Alle diese Dinge sind für sich gesehen vielleicht nicht viel, doch ohne sie würdest du dieses Buch jetzt nicht lesen. Die Engelzahl 444 ist die Summe der kleinen Dinge – die Segnungen addieren sich wie die Flocken in einem Schneeball. Je mehr du sie wahrnimmst, in desto größerer Zahl scheinen sie sich bei dir einzufinden. Und das ist das Tolle: Je mehr du die 444-Energie nutzt, desto mehr Segnungen schaffst du, empfängst du und werden dir teilhaftig.

Erzengel Samael

Samael ist keiner der häufig anzutreffenden Engel; jedenfalls nicht in seinen echten engelhaften Formen. Seine zahlreichen Inkarnationen verbinden ihn mit den gefallenen Engeln. Doch Samael selbst sagt dazu, dies sei ein Fall von Verwechslung. Viele alte Texte weisen Lücken auf oder durch Übersetzungen verursachte Verluste von Details, was die Informationen darin ungenau macht. Durch meine eigene Arbeit mit Samael habe ich erfahren, dass es seine Aufgabe ist, uns echtes Sehvermögen anzubieten, eine Korrekturoperation wenn man so will, um unsere Blindheit gegenüber allen unseren göttlichen Segnungen zu heilen. Deshalb hat er, für dieses Buch, die Herrschaft über die 444 übernommen. Insbesondere dann, wenn du dich in der Welt der physischen Dinge verirrt hast, in materiellem Besitz ertrinkst oder unter wachsendem Energiemangel leidest, ist Samael ein wunderbarer Kooperationspartner. Er ist derjenige, der dir einen Rettungsring zuwirft, dir die Hand reicht und dich ans Ufer des Göttlichen zurückführt. Aber: Er wird dir nur dann helfen, wenn du ihn darum bittest. Sonst sitzt er lediglich da und sieht dir zu, wie du leidest. Es ist schon merkwürdig, dass ausgerechnet Samael deshalb einen schlechten Ruf hat, obwohl sich doch letztlich alle Führer so verhalten. Keiner von ihnen mischt sich ohne deine Erlaubnis ein, doch Samael scheint am deutlichsten sichtbar am Spielfeldrand zu stehen und dir dabei zuzusehen, wie du dich auslebst.

Es stimmt, ausnahmslos alle Engel verhalten sich so. Weißt du, warum? Weil wir einen freien Willen haben. Wir können Leiden wählen. Es steht uns frei, so wie wir entscheiden können, unsere Segnungen zu sehen, uns selbst als Segnung zu erkennen und uns auf Samael zu stützen, damit er uns aus dem karmischen Laufrad des Leids, Mangels und der Abgeschnittenheit heraushilft. Indem du es Samael gestattest, mit dir durch die 444 zusammenzuarbeiten, kannst du große Veränderungen in deinem Leben bewirken, auch wenn sie dir anfangs nur klein und unbedeutend vorkommen. Traue es der 444 zu, dass sie dein Sichtfeld stufenweise erweitert, dass sie langsam deinen Fokus verändert und deinen Geist veranlasst, die Welt und deinen Platz in ihr nach und nach anders zu sehen. Wenn du also das nächste Mal einer 444 begegnest, dann heiße Erzengel Samael in deinem Energiefeld willkommen und gestatte es ihm, dich auf die Wohltaten aufmerksam zu machen, zu denen du einen Zugang hast, der dir aber bisher entgangen ist. Erlaube es ihm, dich fortzuführen von dem Gefühl der Überforderung und Panik hin zum Fluss der Verbundenheit, der Wertschätzung und Zielgerichtetheit.

Erzengel Samaels Visualisierung/Meditation

Dank Blickfeldreinigung Segnungen erkennen
In dieser geführten Meditation wirst du eine Verbindung herstellen mit Erzengel Samael und der Schwingungsenergie der 444. Man kann diese Energie weder richtig noch falsch erleben. Sie wird sich jedem unterschiedlich zeigen. Manche werden im Verlauf der Meditation Körperempfindungen haben – Hitze, Kälte oder möglicherweise etwas wie eine Berührung im Gesicht oder am Kopf. Andere sehen vielleicht Farben oder empfinden eine allgemeine Intensivierung ihrer Sinneswahrnehmungen. Wieder andere bemerken beim ersten oder sogar beim zweiten und dritten Mal zunächst gar nichts. Das ist nicht schlimm und vollkommen normal. Doch sei dir bewusst, dass Samael bei dir sein wird, egal was passiert oder nicht passiert, und für dich Platz schaffen wird, damit du alles, was du siehst, erforschen kannst. Sorge dafür, dass du diese Meditation an einem ruhigen Ort machen kannst, an dem dich niemand stört. Wenn es dir richtig erscheint, kannst du eine weiße Kerze anzünden und sie während der gesamten Meditation brennen lassen. Aber vergiss nicht, sie am Ende zu löschen. Du könntest die Anleitungen zu dieser Meditation aufnehmen und dann abspielen, damit du nur zuzuhören brauchst und die Augen schließen kannst. Oder aber du behältst deine Augen offen und liest die Anweisungen. Wie du dich auch entscheidest, du wirst Zugang zur Energie finden und von ihr profitieren.

Verhalte dich so, wie es sich am besten für dich anfühlt.
Lass uns anfangen.

Du kannst dich hinsetzen oder hinlegen, doch gestatte es dir nicht einzuschlafen. Wenn es dir gefällt, steht es dir frei, Räucherwerk anzuzünden. Mach es dir bequem, und achte darauf, dass sich dein Gesicht nach oben wendet. Auch dann, wenn du auf dem Boden oder auf dem Bett liegst, sollte dein Hals leicht nach hinten überstreckt sein. Konzentriere dich auf deinen Atem, und atme mehrmals durch die Nase ein und durch den Mund aus. Atme tief und langsam, und gestatte es dir, dich zu entspannen, deine Schultern fallen zu lassen und zu spüren, wie die Spannung bei jedem Ausatmen langsam aus deinem Körper weicht. Richte deine Aufmerksamkeit weiterhin auf deinen Atem, achte darauf, wie du beim Einatmen der Energie des Friedens immer tiefer in die Entspannung gleitest und beim Ausatmen immer mehr Stress, Ängste und Anspannung abbaust. Wenn du willst, dann schließe dabei deine Augen. Doch vergiss nicht, dass du nicht einschlafen sollst. Auch wenn dein Körper locker wird, dein Geist ist weiterhin aktiv und während des gesamten Prozesses höchst beschäftigt. Mach tiefe und langsame Atemzüge, atme Frieden ein und Widerstand aus. Stell dir ein wunderschönes goldenes Licht vor, das durch deinen Scheitel in dich hineinfließt und sich wie eine warme Dusche anfühlt.

Imaginiere, wie das goldene Licht über deinen Kopf und dein Gesicht fließt, über den Hals, die Schultern und die Arme, die Brust hinunter auf den Bauch und in den Beckenraum. Dann die Hüften und Schenkel entlang, über die Knie bis zu den Waden und Schienbeinen. Wie es sich über die Knöchel ausbreitet, deine Fußgewölbe entspannt und deinen

Körper durch die Zehen wieder verlässt. Spüre das goldene Licht, das deinen Körper wie eine Energiewelle durchströmt, dich erfüllt und entspannt und mit der Energie von Erzengel Samael und der Macht der 444 verbindet. Während du atmest, gestatte es dem Licht, dich komplett durchzuspülen, und bitte Samael, dich von allen illusionären Sichtweisen zu befreien. Ersuche ihn, fehlerhafte Brillengläser durch wahrhaftes Sehen zu ersetzen, durch deine natürliche göttliche Sicht auf deine Segnungen. Und verstehe, dass du mit deinem neuen Sehvermögen nur noch die Wohltaten rings um dich her wahrnehmen wirst, die Fülle der Möglichkeiten und von diesem Augenblick an nur noch den wunderbaren Fluss der guten Gelegenheiten.

Wohin du auch blickst, überall begegnet dir nichts als die Energie von Fülle und Reichtum, von Gesundheit und Glück, von Freude und Liebe. Durch deine neue Brille erkennst du, dass all das schon immer da war und dass sich deine echten göttlichen Segnungen schon immer direkt vor deinen Augen befanden. Deine neue Sicht macht dir klar, dass du gar nicht abgeschnitten warst von göttlicher Fülle, sondern nur durch schmutzige und verzerrte Brillengläser geblickt hast. Lass dir Zeit, konzentriere dich auf deinen Atem und gestatte es dem goldenen Licht, dich ganz und gar zu durchdringen, während Erzengel Samael deine Vorstellung verwandelt, dein Sehvermögen heilt und klärt und dein Wahrnehmungsvermögen neu einrichtet. Atme und entspanne. Wenn du meinst, fertig zu sein, oder dass Samael seinen Energiefluss eingestellt hat, dann kehre mit deiner Aufmerksamkeit ganz zu deinem Atem zurück, atme

Frieden, Ruhe und Liebe ein und jeglichen noch verbliebenen Widerstand aus. Sei dir bewusst, dass du nun erfüllt bist mit der goldenen Energie von Erzengel Samael und der 444, dass sich dein Sehvermögen auf die göttliche Sicht ausgerichtet hat und dass du, wohin du auch gehst, immer von Engeln gesegnet sein wirst. Hole dein Bewusstsein zurück in deinen Körper, und löse dich langsam aus dem meditativen Zustand. Verbinde dich mit jedem Einatmen tiefer mit deinem Körper. Entferne dich mit jedem Ausatmen langsam aus der Meditation. Erhalte deine Atemarbeit aufrecht, bis du bereit bist, deine Augen zu öffnen und dich erneut dem Alltag zu stellen.

Einen Altar für die 444 und Erzengel Samael einrichten

Wenn du diesen Altar einrichtest, dann denk daran, dass er deinen Segnungen dient oder, um genauer zu sein, dich darin unterstützt, sie überhaupt erst zu erkennen. Hierzu könntest du Behälter auf deinen Altar stellen, in denen du deine empfangenen Gunstbezeugungen sammelst und sichtbar machst. Eine füllst du mit Münzen, um dich daran zu erinnern, dass Geld ein Segen sein kann. In eine andere gibst du Bilder von geliebten Menschen, um dir bewusst zu machen, welches Geschenk deinem Herzen zuteilwird. Ein drittes Gefäß könntest du mit Segnungen füllen, von denen du dir wünschst, dass sie sich bald manifestieren mögen, und dir von ihm alle diejenigen Segnungen ins Gedächtnis rufen lassen, die noch auf dich zukommen könnten. Für deinen Altar der Segnungen benötigst du ein Bild von Samael oder eine entsprechende Orakelkarte, eine grüne Kerze, die auf einem grünen Blatt Papier niedergeschriebene Zahlenfolge 444, eine Prise Salz, eine Handvoll Erde, ein paar Federn und alles, was nach deiner Auffassung sonst noch auf den Altar gehört. Außerdem wirst du ein Gebet oder eine Intentionsaussage für Erzengel Samael und die 444 formulieren wollen. An folgendem Beispiel kannst du dich orientieren: »Samael, ich bin bereit, meine Segnungen zu sehen. Daher bitte ich dich, mir meine Augen zu öffnen und mich fortlaufend daran zu erinnern, auf welche Weise ich gesegnet wurde, gesegnet bin und auch weiterhin gesegnet sein werde. Ich gestatte es dir, mir langsam und liebevoll das Herz zu öffnen und mich mit so vielen Segnungen zu überschütten, wie ich nur vertragen kann.«

Sobald du deinen Altar eingerichtet hast, sollst du ihn entweder mit einem Salbeispray oder mit einer Salbeiräucherung reinigen, damit der Raum mental unbelastet und für deine Gebetsarbeit entsprechend vorbereitet ist. Dann machst du ein paar tiefe Atemzüge, zündest deine Kerze an und trägst deine Intentionsaussage laut vor, indem du mit folgenden Worten beginnst: »Ich rufe Erzengel Samael und die Energie der 444, damit sie meine Intention hören und mir helfen, sie auf eine möglichst segensreiche Weise zu verwirklichen. Möge sich diese Intention zu meinem eigenen Besten und zum Besten aller möglicherweise beteiligten Personen verwirklichen.« Dann liest du laut deine Intentionsaussage beziehungsweise dein Gebet vor: »Ich habe die Intention ... Ich bete dafür ...«

Um das Ritual zum Abschluss zu bringen, kannst du entweder die Kerze ausblasen oder sie, vorausgesetzt, dies ist gefahrlos möglich, weiter brennen lassen. Solltest du deine Kerze jedoch ausblasen wollen, dann sprich zunächst die nachfolgenden Worte: »Indem ich die Flamme dieser Kerze lösche, vertraue ich darauf, dass ihr Rauch meine Intention hinauf in den Himmel trägt, damit das Universum sie manifestieren kann. Ich bin bereit, das zu empfangen, worum ich bitte, und so sei es.« Danach kannst du die Kerze ausblasen.

Halte in den nächsten Tagen dein Tagebuch bei der Hand, um alle die Segnungen, die sich jetzt bei dir einstellen, dokumentieren zu können. Ob sie groß oder klein sind, alle zählen. Leicht übersehen wir Segnungen, weil sie sich anders zeigen, als wir es erwartet haben. Aber jetzt, nachdem du deinen Altar eingerichtet und dein Gebet gesprochen hast, wirst du Dinge bemerken, die dir zuvor oft entgangen sind. Sie in deinem Tagebuch festzuhalten wird dir helfen, dein Sehvermögen noch zu verfeinern und es in Übereinstimmung mit der göttlichen Vision zu halten.

Hinweise für automatisches Schreiben

Sobald du deine Gebetsarbeit geleistet hast oder vielleicht auch bereits nach der Visualisierung, wirst du feststellen, dass deine Verbindung zu Erzengel Samael offener ist und dass Segnungen wie auch Mitteilungen oder Hinweise von ihm und der 444 langsam oder schneller einzutreffen beginnen. Dies kann geschehen in einzelnen Worten, ganzen

Sätzen oder nur in einer Form von innerem Wissen. Wenn es dir richtig erscheint, dann nimm dir dein Tagebuch vor und schlage Kapital aus diesem Kommunikationsweg. Du könntest der Seite die Überschrift »Gespräche mit Samael und der 444-Schwingungsenergie« geben. Wenn du mit dem Tagebuchschreiben vertraut bist, kannst du einfach losschreiben, weil du weißt, wie du die zarten Anstöße durch die Informationen, die von der 444 und von Erzengel Samael zu dir fließen, auffassen kannst. Solltest du jedoch zum ersten Mal ein Tagebuch führen, nutzt du am besten die nachfolgenden Hinweise, um in Gang zu kommen:

1. Samael, wie kann ich feststellen, ob du in der Nähe bist?
2. In welchen Bereichen meines Lebens lasse ich mich von Mangelvorstellungen ablenken?
3. Warum habe ich mich bisher ohne Erfolg damit abgemüht, meine tagtäglichen Segnungen als das wahrzunehmen, was sie sind?
4. Auf welche Weise kann ich es mir bewusster machen, wie das Göttliche mein Leben segnet?
5. Wie kann es mir heute helfen, wenn ich mich auf die Energie der 444 ausrichte?

Möglicherweise wirst du feststellen, dass diese Hinweise dich bereits in einen Schreibfluss bringen und dass du, noch ehe du dir dessen bewusst bist, über sie hinauswächst. Lass dich auf den Prozess ein, vertraue darauf, dass Samael deine Hand führt, und verzichte zunächst darauf, das was kommt, durch die Brille der Logik zu betrachten.

Engelkristall: Jade

Jade wird allgemein als Glücksstein betrachtet. Er hilft dabei, das Herz zu öffnen und empfänglich zu machen. Oft wird der Stein verwendet, um Geld, Fülle und Selbstständigkeit herbeizuschaffen. Man könnte behaupten, Jade sei für jegliche Segnungen zuständig. Jade hilft dir, dich sicher genug zu fühlen, damit du dich so öffnest und sichtbar wirst, dass du überhaupt Segnungen entgegennehmen kannst. Wir wollen uns nichts vormachen: Um zu empfangen, musst du zuerst bitten, danach gehört werden und außerdem sichtbar sein. Zu viele Menschen bitten erst und verbergen sich dann oder laufen weg oder ziehen sich zurück. Im Anschluss an ein solches Verhalten fragen sie sich, warum sich nichts zeigt. Jade unterstützt dich dabei, offen zu bleiben und dich immerhin so geschützt zu fühlen, dass du das Licht des Göttlichen lange genug aushältst, damit das Glück zu dir finden kann. Deshalb ist dieser Stein am besten dafür geeignet, die Energie der 444 darin zu binden.

Für diese Übung benötigst du einen Stift, ein Blatt Papier, einen Gummiring, Jade (oder Schmuck, in dem Jade verarbeitet ist) und einen Timer. Auf das Blatt Papier schreibst du die 444 so groß, dass die Seite gefüllt ist, dann wickelst du es um den Stein beziehungsweise das Schmuckstück und fixierst es mit dem Gummiring. Stell deinen Timer auf zwei Minuten ein, und nimm sitzend, am besten auf dem Boden, eine bequeme Position ein. Sollte das nicht möglich sein, dann achte darauf, dass dein Rücken gerade ist, und richte dich mit zurückgenommenen Schultern gerade auf. Halte den Stein in der rechten Hand und deine Hand auf dein Herz. Die linke Hand lässt du mit der geöffneten Handfläche nach oben locker auf deinem linken Knie liegen. Sobald du die richtige Position gefunden hast, setzt du den Timer in Gang.

Wiederhole das nachfolgende Mantra so lange, bis die eingestellten zwei Minuten abgelaufen sind: »Ich bin gesegnet, das bin ich.«

Wenn es dir genehm ist, dann kannst du diese Übung an 44 aufeinanderfolgenden Tagen wiederholen, das muss jedoch nicht sein. Sobald du spürst, dass deine Jade aktiviert wurde und dass der Stein die ganze Kraft der 444 in sich trägt, kannst du ihn in der Hosentasche beziehungsweise das Schmuckstück an deinem Körper tragen.

Das Mineral ist nun dein Talisman.

Es verbindet dich unmittelbar mit der Schwingung der 444 und mit allen Segnungen, mit denen Samael dein Leben erhellen möchte.

Zusatzzahlen für die Arbeit mit Erzengel Samaels Energie

440: Es existiert eine unbegrenzte Anzahl von Möglichkeiten, um überall um dich herum mehr Segnungen zu schaffen. Jetzt kannst du erst einmal dankbar sein für alles, was dir, wie du auf dem Grund deines Herzens weißt, noch zufliegen wird. Zeige dich heute erkenntlich für das, was noch kommt.

441: Etwas Neues ist im Begriff, dein Leben zu erfüllen. Betrachte es als Gunstbeweis, und ziehe es nicht in Zweifel. Erlaube dir, es mit offenem Herzen zu empfangen.

442: Du bist mit Beziehungen in deinem Leben gesegnet, die es dir gestatten, du selbst zu sein. Es gibt Menschen, die dich, so wie du bist, aufrichtig lieben. Anerkenne ihre Bedeutung in deinem Leben, und segne sie jetzt sofort.

443: Es ist ein Segen, sich frei bewegen zu dürfen. Würdige diese Freiheit, und segne sie.

445: Veränderung ist ein Segen, solange man sie urteilsfrei betrachtet. Dein Leben ist von Umgestaltungen betroffen, die Segen mit sich bringen. Von dir wird lediglich verlangt, solche Veränderungen selbst nicht als »gut« oder »schlecht« einzuordnen. Verzichte auf Bewertung, und verfolge, wie sie sich entfaltet.

446: Du bist ein Segen. Es ist eine Segnung, dass du so, wie du jetzt in diesem Augenblick, während du diese Zahlenfolge betrachtest, bist, wie du bist. Deine ganze Existenz ist ein Segen. Du musst nichts tun, damit du ein Segen bist.

447: Mit manchen Gunstbezeugungen geht eine Lektion einher. Ja, manche von ihnen hüllen sich in einen Mantel aus Weisheit. Jetzt gerade ist es so. Sei dankbar und warte. Stelle fest, welche weisen Ratschläge dir im Augenblick angeboten werden.

448: Materielle Gegenstände sind Segnungen; sie sind nicht die einzigen, doch sie sind es auf jeden Fall. Wir vergessen leicht, wie beschenkt wir sind, deshalb mach einen

Kassensturz deiner materiellen Segnungen, wenn dir diese Zahlenfolge begegnet.

449: Dinge loslassen zu können, ist ein Segen. Sich zu verabschieden und Dinge ihren natürlichen Abschluss finden zu lassen, ist Bestandteil eines Segnungszyklus. Freue dich heute über die Abschlüsse in deinem Umkreis, und segne sie als das, was sie sind: Tore zu etwas Neuem.

6. KAPITEL

555 – Erzengel Uriel: *Lass los und vertrau der Veränderung*

»Veränderung ist die einzige Konstante des physischen Erlebens, also freunde dich mit ihr an und lade sie in dein Leben ein.«

Die tiefere Bedeutung der 555

Veränderung: Entweder liebt oder hasst man sie. Jedenfalls kann man sie nicht abstellen. Die Engelzahl 555 kündigt Veränderung an. Sie könnte groß oder klein sein, aber sie trifft ein, ob es dir gefällt oder nicht. Nichts in der physischen oder Schwingungswelt bleibt gleich. Veränderung ist eine Konstante. Sie ist ein universelles Gesetz. Die Engelzahl 555 erinnert dich lediglich daran, dass diese Bestimmung auch dein Leben betrifft, ganz egal welche Gefühle, Gedanken oder Überzeugungen du hast. Du solltest auf sie vorbereitet sein und sie akzeptieren. Veränderung ist Fakt.

Erzengel Uriel möchte, dass du die 555 als Höflichkeitsbesuch des Universums betrachtest, als kleinen göttlichen Hinweis darauf, dass die Dinge in deinem Leben nicht so bleiben, wie sie jetzt sind, dass sich Zyklen Bahn brechen, dass Zeit verfließt und der Weg die Richtung wechselt.

Wenn sich diese Zahl in dein Bewusstsein drängt, dann erkennst du in der Außenwelt manchmal keine Ursache dafür. Nichts, was du mit den Möglichkeiten deiner fünf Sinne entdecken könntest, scheint sich verändert zu haben. Dennoch hat Veränderung stattgefunden und wird sich schließlich auch in deiner Außenwelt manifestieren. Dann wieder scheint dich die 555 zu verfolgen. Du begegnest ihr überall. Du hörst, siehst und spürst nichts anderes. Diese ständige Wiederholung ist wie ein Wecksignal, das du auch mit deiner eingeschränkten Wahrnehmung nicht ignorieren kannst. Das ist ein Hinweis darauf, dass größere Verlagerungen stattfinden und umfassendere Pläne eine Anpassung erfahren. Dann wird auch dein Umfeld wachgerüttelt. Ob sie in deinem Inneren oder außerhalb von dir stattfindet, eine Veränderung hat sich ereignet. Du kannst sie nicht wegwünschen. Du kannst sie nicht leugnen. Du kannst sie nicht wegerklären. Die Engelzahl 555 ist dein Zeichen. Sie ist ein Fingerzeig für dich von den höheren Reichen, die dir eindeutig mitteilt: »Veränderung geschieht.« Mach dir klar, dass Veränderung ohne Verzögerung stattfindet. Es handelt sich nicht um etwas, das sich vielleicht in der fernen Zukunft ereignet oder ereignen könnte. Sie geschieht jetzt, während du noch die 555 anblickst, und Erzengel Uriel hat seine Finger im Spiel.

So, wie die Jahreszeiten nach dem Diktat der zyklischen Zeit wechseln, so bist auch du Veränderungen, Abweichungen und wachrüttelnden Umstrukturierungen unterworfen. Sonst würdest du der Stagnation anheimfallen, die Krankheit bewirkt. Mangelnder Fluss bremst uns aus, lässt uns stecken bleiben und, wenn er länger anhält, erschwert Bewegung. Wenn du deinen Pflanzen kein Wasser gibst und nicht ausreichend für Sonneneinstrahlung sorgst, dann sterben sie. Mit dir verhält es sich nicht anders. Die Voraussetzungen deiner physischen Existenz sind einem beständigen Wandel unterworfen, und du musst dich mit ihnen anpassen. Man könnte auch sagen, dass 555 die Zahl der Anpassungsfähigkeit ist. Wer sich anpasst, gedeiht, wer sich dagegen sträubt, leidet. Die 555 zu sehen bedeutet zwar, dass dir Veränderungen bevorstehen, doch du erhältst auch die Gelegenheit, darüber zu entscheiden, wie du mit ihnen umgehen willst und wie du dich mit deinem Geist, deinem Gefühlsleben und deinen inneren Widerständen darauf einstellst. Die Engelzahl 555 alarmiert deinen freien Willen, den Teil deiner selbst, über den nur du Kontrolle hast.

Wie also willst du deinen freien Willen einsetzen, wenn die 555 in deinem Leben in Erscheinung tritt?

Das ist der Augenblick, in dem es hilft, sich an Erzengel Uriel zu wenden, da du ihm getrost deine Sorgen, Ängste und Kämpfe überlassen darfst. Wenn du ihn bittest, dir diese Last abzunehmen, damit du frei und beweglich bleibst und dich anpassen kannst, wird er dir diesen Wunsch gerne erfüllen. Keiner verlangt von dir, mit Veränderungen alleine zurechtzukommen. Lass dich von Uriel unterstützen, wenn dir die 555 begegnet, und bitte ihn, dir zu helfen, wenn das Universum sich in deinem Leben entfaltet. Genau für solche Aufgaben wurde er geschaffen. Erzengel Uriels Supermacht besteht darin, fest am Rand des Unbekannten zu stehen, dich zu stützen und für dich da zu sein, wenn sich alle anderen lieber davonmachen. Er wird an deiner Seite verharren und dir so viel bedingungslose Liebe anbieten, wie du annehmen kannst. Die Engelzahl 555 sagt dir, dass Veränderung unvermeidlich ist, doch Erzengel Uriel erinnert dich daran, dass damit nicht automatisch Leid verbunden sein muss.

Erzengel Uriel

Uriel ist mein persönlicher Engel. Von allen Engeln ist er derjenige, den ich am besten kenne, und ich werde dir auf den nachfolgenden Seiten den Uriel vorstellen, der seit mehr als einem Jahrzehnt ein wichtiger Teil meines Lebens ist. Ich will mich also gleich zu Beginn dafür entschuldigen, falls irgendetwas, was ich hier beschreibe, nicht übereinstimmt mit dem, was du anderenorts über Uriel gelesen oder wie du selbst ihn kennengelernt hast. In der Regel wird Uriel als Engel der Transformation bezeichnet und oft als der Erzengel, der die kürzlich Verstorbenen von der irdischen Ebene hinüber in die andere Welt begleitet. In mancherlei Hinsicht ist diese Beschreibung durchaus zutreffend. Er übernimmt gerne Menschen, die am Ende ihres Lebens stehen, und hilft ihnen, einen neuen Weg zu finden.

Doch im Zusammenhang mit der 555 ist kaum die Rede vom physischen Tod, sondern es geht allgemein um den Abschluss einer Lebensphase oder um ein Zyklusende. Im Laufe unseres Lebens erleben wir zahlreiche Tode. Wir sterben jede Nacht und erwachen am Morgen zu neuem Leben. Der Tod ist die letztendliche Veränderung, die mächtigste aller Transformationen, und Uriel steht am Abgrund dieser Veränderungen. Er sieht etwas Schönes in den Zwischenräumen, in denen andere nur Verfall und Verlust erkennen. Er greift ein und beatmet Situationen, Orte und Menschen mit neuem Leben. Er und die 555 könnten ebenso gut als »Atem des Lebens« oder genauso treffend als »Veränderung« bezeichnet werden. Unzweifelhaft kommt immer dort, wo sich Uriel augenblicklich aufhält, etwas zum Abschluss oder entsteht gerade etwas Neues. Meine schon lange andauernde Gemeinschaft mit Uriel hat mich gelehrt, wie angenehm und erfreulich Veränderungen sein können. Es ist etwas Wunderbares, sie wie einen alten Freund in das eigene Leben einzuladen. Ich habe mich von der Vorstellung verabschiedet, dass Veränderung Leid sein muss, und mich von der Sorge und Angst davor befreit, was auf der anderen Seite der Veränderung auf mich warten mag. Uriel hat in mir Vorfreude und Erwartung geweckt. Er hat es mir ermöglicht, die reine Notwendigkeit dieses Gesetzes zu erkennen. Erzengel Uriel hat dafür gesorgt, dass ich mich derart wohlfühle mit der Energie von Veränderung und mit ihrem zyklischen Wesen, dass ich mir jetzt schon Sorgen mache, wenn mir die 555 eine Weile nicht begegnet.

Ich hoffe, dass du dich, sobald du dieses Kapitel durchgearbeitet hast, ebenfalls freust, wenn du die 555 siehst. Ja, ich wünsche mir, dass du dich wohl genug mit ihr fühlst, um sie bewusst herbeizurufen. Uriel wünscht sich, Veränderung in dein Leben tragen zu dürfen. Er will dich mit der Magie und Majestät deiner eigenen Macht bekannt machen. Hierzu jedoch musst du die Zyklen deines Lebens annehmen, die Enden und Anfänge und das Gesetz der Veränderung. Je mehr du mit Uriel und der Energie der 555 zusammenarbeitest, desto flexibler und anpassungsfähiger wirst du. Es fällt dir außerdem leichter, Dinge loszulassen. Es gelingt dir, diejenigen deiner Bindungen an Menschen, Orte und Objekte aufzugeben, die nicht mit deinem wahren Selbst in Übereinstimmung zu bringen sind. Ohne Angst oder Zweifel gestattest du es Uriel, deine Füße auf den Weg der Transformation zu setzen, weil du darauf vertraust, dass alles, was dir auf deinem Weg begegnet, von den Engeln eigens für dich ausgewählt wurde.

Erzengel Uriels Visualisierung/Meditation

Vorbereitung auf erwünschte Veränderungen

In dieser geführten Meditation wirst du eine Verbindung herstellen mit Erzengel Uriel. Man kann diese Energie weder richtig noch falsch erleben. Sie wird sich jedem unterschiedlich zeigen. Manche werden im Verlauf der Meditation Körperempfindungen haben – Hitze, Kälte oder vielleicht etwas wie eine Berührung im Gesicht oder am Kopf. Andere sehen möglicherweise Farben oder empfinden eine allgemeine Intensivierung ihrer Sinneswahrnehmungen. Wieder andere bemerken beim ersten oder sogar beim zweiten und dritten Mal zunächst gar nichts. Das ist nicht schlimm und vollkommen normal. Doch sei dir bewusst, dass Uriel bei dir sein wird, egal was passiert oder nicht passiert, dass er dich beschützt und für dich den Raum bereitet, damit du alles, was du siehst, gefahrlos erforschen kannst. Sorge dafür, dass du diese Meditation an einem ruhigen Ort machst, an dem dich niemand stört. Wenn es dir richtig erscheint, kannst du eine goldfarbene Kerze anzünden und sie während der gesamten Meditation brennen lassen. Aber vergiss nicht, sie am Ende zu löschen. Es steht dir frei, die Anleitung zu dieser Meditation aufzunehmen und dann abzuspielen, damit du nur zuzuhören brauchst und die Augen schließen kannst. Oder aber du behältst deine Augen offen und liest die Anweisungen. Wie du dich auch entscheidest, du wirst Zugang zur Energie finden und von ihr profitieren.

Verhalte dich so, wie es sich am besten für dich anfühlt.

Lass uns anfangen.

Als Erstes machst du es dir bequem. Wenn es sich für dich richtig anfühlt, leg dich hin oder sitz in deinem Lieblingssessel. Sollte es dich in deiner Konzentration unterstützen, dann kannst du dein Meditationskissen hervorholen und dich in einer bequemen Position einrichten. Mach drei tiefe erdende Atemzüge durch Nase und Mund. Beim Einatmen denkst du das Wort »Frieden« und beim Ausatmen den Begriff »Transformation«. Mit jedem Luftholen entspannst du dich mehr und mehr und sinkst immer tiefer in den Augenblick und in den Rhythmus deiner Atemarbeit ein. Richte deine Aufmerksamkeit weiterhin auf die Mantras »Frieden« und

»Transformation«. Lass deine Schultern fallen, deine Hüften locker werden, und gib dir die Genehmigung, immer tiefer und länger zu atmen. Während du dich in einen Zustand der Ruhe und Offenheit versenkst, bist du weiterhin auf deine Atemarbeit fokussiert. Rufe Erzengel Uriel und bitte ihn, sich hinter dir aufzustellen.

Lehne dich zurück in seine Umarmung. Spüre die Wärme, die von seinem Körper in deinen fließt und die es dir gestattet, dich noch tiefer in Frieden und Ruhe zu versenken. Während du hier in Uriels Armen liegst, erinnere dich an einen Bereich deines Lebens, der verändert werden muss oder dessen Energie der Transformation bedarf. Lass zu, dass Bilder aus dieser Lebensregion in dir aufsteigen, und tu dein Möglichstes, um dich nicht an dazugehörigen Gefühlen oder Emotionen festzuhalten, die von dir Besitz ergreifen könnten, weil du deinen Blick in diese Region wendest. Übersende jegliche Befürchtungen oder Ängste gemeinsam mit deinem ausgestoßenen Atem an Uriel, damit er sie in Liebe, Frieden und Befreiung verwandeln und gemeinsam mit seiner Körperwärme zu dir zurückführen kann.

Behalte deine Atemarbeit bei, indem du Angst aus- und Liebe einatmest in dem Wissen, dass du unterstützt wirst und dass Uriel dich im Verlauf des gesamten Prozesses in den Armen hält. Fahre fort, bis du ein Gefühl von Erleichterung verspürst, das sich möglicherweise wie eine muskuläre Entspannung im Körper und eine Verminderung von Angst im Geist anfühlen wird. Es könnte auch sein, dass der Gedanke an diesen Bereich deines Lebens hinfort nicht mehr emotional aufgeladen ist. Setze dein Atmen fort, und überlass alles, was kommt, so lange Uriel, bis du eine Entlastung verspürst. Wenn du fertig und entsprechend erleichtert bist, dann rufe dir die 555 ins Gedächtnis. Bitte sie, diesen Bereich deines Lebens jetzt, während du noch diese Befreiung empfindest, zu verändern und zu transformieren. Erhalte den Zustand so lange aufrecht, wie es dir erforderlich erscheint, und dulde es, dass sowohl Uriel als auch die 555 ihre magischen Veränderungen in deinem Leben wirken. Atme weiter, und lass dich noch tiefer in Uriels Arme sinken.

Sobald du meinst, einen Zustand der Vollendung erreicht zu haben, nimmst du erneut deine Atemarbeit in den Fokus und lässt die Bilder, die du von der 555 hattest, langsam verblassen. Spüre, wie du dich von Uriel löst. Danke ihm dafür, dass er dich unterstützt, dich geführt und sich um deine energetischen Belange gekümmert hat. Kehre mit deinem Atem zurück zu den Mantras »Frieden« und »Transformation«, und erde dich neuerlich in deinem Körper. Mach dir mit jedem Atemzug deine physische Umgebung bewusster, werde wacher, fokussierter, aufmerksamer, stärker, stabiler und selbstbewusster. Sobald du bereit bist, öffnest du die Augen, rollst mit den Schultern, bewegst die Finger und die Zehen und gönnst dir dann noch einen Augenblick Ruhe, bevor du aufbrichst und den Rest deines Tages in Angriff nimmst.

Einen Altar für die 555 und Erzengel Uriel einrichten

Wenn du bereit bist, Veränderung in deinem Leben zuzulassen, dann besteht der nächste Schritt darin, einen Altar für die Erdung der 555-Energie und Erzengel Uriel einzurichten. Hierzu benötigst du eine gelbe Kerze (da dies die Farbe ist, die wir mit dem Aktivitätszentrum deines Körpers, dem Solarplexus, in Verbindung bringen), einen Sonnenstein, ein Bild von Uriel, die auf einem gelben Blatt Papier niedergeschriebene Zahlenfolge 555 und eine äußerst klar formulierte Intentionsaussage zu der Veränderung, die du auslösen willst. Diese Intentionsaussage sollte außerdem verdeutlichen, warum du die Veränderung für erforderlich hältst, und die Schritte nennen, die du unternehmen willst, sobald die Veränderung in Gang gesetzt ist. Du kannst den Altar außerdem mit weiteren Elementen wie einer Prise Salz, einer Handvoll Erde, mit ein paar Federn, Bildern und allem schmücken, was dich sonst noch anspricht. Richte ihn an einem Ort ein, wo du möglichst ungestört bist. Wie viel Zeit du vor deinem Altar verbringst, ist ganz und gar dir überlassen. Möglicherweise musst du dort nur einmal ein Gebet sprechen oder du fühlst dich aufgefordert, dich täglich für die Dauer von 55 Tagen vor ihm zu sammeln. Es ist deine Entscheidung.

Sobald du deinen Altar eingerichtet hast, sollst du ihn entweder mit einem Salbeispray oder mit einer Palo-Santo-Räucherung reinigen, damit der Raum mental unbelastet und für deine Gebetsarbeit gut vorbereitet ist. Dann machst du ein paar tiefe Atemzüge, zündest deine Kerze an und trägst deine Intentionsaussage laut vor, indem du mit folgenden Worten beginnst: »Ich rufe Erzengel Uriel und die Macht der 555, damit sie meine Intention hören und mir helfen, sie auf eine möglichst überraschende Weise zu verwirklichen. Möge sich diese Intention zu meinem eigenen Besten und zum Besten aller möglicherweise beteiligten Personen verwirklichen.« Danach liest du laut deine Intentionsaussage beziehungsweise dein Gebet vor: »Ich habe die Intention … Ich bete dafür …«

Um das Ritual zu beenden, kannst du entweder die Kerze ausblasen oder sie, falls das gefahrlos möglich ist, weiter brennen lassen. Falls du dich entschließt, deine Kerze zu löschen, dann sprich zunächst die folgenden Worte: »Indem ich diese Kerze ausblase, vertraue ich darauf, dass ihr Rauch meine Intention hinauf in den Himmel trägt, damit sie das Universum manifestieren kann. Ich bin bereit, das zu empfangen, worum ich bitte, und so sei es.« Dann kannst du die Kerze löschen.

Danach ist es deine Aufgabe, offen und aufmerksam zu bleiben und so zu handeln, als habe sich die Veränderung, um die du für dein Leben gebeten hast, bereits ereignet.

Hinweise für automatisches Schreiben

Sobald du deine Gebetsarbeit geleistet hast oder vielleicht auch bereits nach der Visualisierung, wirst du feststellen, dass sich deine Verbindung zu Uriel öffnet und dass Mitteilungen und Informationen langsam oder schneller einzutreffen beginnen. Wenn es dir richtig erscheint, dann nimm dir dein Tagebuch vor und schlage Kapital aus diesem Kommunikationsweg. Du könntest der Seite die Überschrift »Gespräche mit Uriel und der 555-Schwingungsenergie« geben. Wenn du mit dem Tagebuchschreiben vertraut bist, kannst du ohne weitere Verzögerung beginnen. Solltest du jedoch zum ersten Mal ein Tagebuch führen, nutzt du am besten die nachfolgenden Hinweise, um den Prozess in Gang zu setzen:

1. Uriel, wie kann ich feststellen, ob du in der Nähe bist?
2. Welche Bereiche meines Lebens werden jetzt gerade von der 555 beeinflusst, und warum?
3. Wieso habe ich mich bisher so sehr vor Veränderung gefürchtet, und wie kann ich mein Denken und meine Vorstellungen an Veränderung gewöhnen?
4. Welche aktiven Schritte sollte ich heute unternehmen, um mich im Hinblick auf Veränderung von Angst und Widerstand zu befreien?
5. Wie kann es mir heute helfen, wenn ich mich auf die Energie der 555 ausrichte?

Engelkristall: Sonnenstein

Wenn wir im Dunklen sind, dann suchen wir das Licht. Waten wir bis zu den Oberschenkeln im Unbekannten, dann halten wir uns an der Hoffnung fest. Wenn uns Veränderung in den Knien weich werden lässt, dann beten wir um Kraft.

Der Sonnenstein versorgt uns mit Energie, Lebenskraft und Sonnenlicht – all dies brauchen wir für Veränderung und Transformation. Das Mineral wird dich aufmuntern, stärken und dir zeigen, dass sich unter deinem Bett niemals Monster versteckt haben. Deshalb ist Sonnenstein ideal geeignet, um die Energie der 555 und von Erzengel Uriel zu erden.

Um deinen Kristall aufzuladen, benötigst du ein Blatt Papier, einen Stift, einen Gummiring oder etwas Klebestreifen. Dein Blatt Papier muss groß genug sein, damit du den Stein damit umhüllen kannst. Ich empfehle dir einen Sonnenstein in einer Größe, die gut in deine Hand passt, aber du kannst selbst entscheiden. Achte jedoch darauf, dass dein Papier den Stein vollständig einwickelt. Auf das Papier schreibst du fünfmal die Zahlenfolge 555. Dann packst du den Stein so ein, dass die Schrift für dich nicht sichtbar ist. Fixiere die Verpackung mit dem Gummiring oder Klebestreifen. Die nachfolgenden Schritte vollziehst du innerhalb von vier Tagen, indem du den Stein jeden Abend an einen anderen Platz legst. Einfach ausgedrückt, wirst du deinen Kristall mit der Sonnenenergie aller vier Himmelsrichtungen aufladen, vom Osten über den Süden und den Westen bis in den Norden.

Für den Fall, dass du in einem Apartment wohnst, in dem du keinen Zugang zu allen vier Himmelsrichtungen hast, könnte dein Einfallsreichtum gefragt sein. Als ich das Buch schrieb, wohnte ich in einer Wohnung, die nach Westen ausgerichtete Fenster hatte und nur einen kleinen Balkon, der mir nur wenig südliche und nördliche Einflüsse bescherte. Der Sonnenaufgang im Osten entzog sich vollständig meinen Blicken. Also nutzte ich, als ich diese Übung für das

Buch entwickelte, mein Auto und schob das Mineral auf der Ablage vor dem rückwärtigen Fenster in die entsprechende Position, um die benötigte westliche, östliche, nördliche und südliche Energie einzufangen. Ich hätte auch eine Freundin bitten können, den Kristall in ihren Vorgarten zu legen, doch mein Wagen schien mir die unkompliziertere Lösung anzubieten. Sei also nicht ärgerlich, wenn dir keine entsprechenden Fenster zur Verfügung stehen; du wirst einen anderen Weg finden, um deinen Stein aufzuladen.

Jeden Abend legst du deinen Sonnenstein also in ein Fenster, auf den Balkon, an einen Platz in deinem Garten oder, wie in meinem Fall, in dein Auto. Wenn es dir möglich ist, dann holst du ihn mittags zurück. Falls das nicht geht, musst du keine schlimmen Konsequenzen fürchten; sorge nur dafür, dass es vor dem nächsten Sonnenaufgang geschieht. Sobald dein Sonnenstein sich am richtigen Platz befindet und dort am folgenden Morgen die volle Dosis Sonnenschein abbekommt, sprich das nachfolgende Gebet:

> *Ich rufe die Macht der 555 und von Erzengel Uriel, damit sie meinen Sonnenstein mit Kraft, Leichtigkeit, Würde und Freude an der Veränderung durchdringen. Unter der Führung aller vier Himmelsrichtungen weiß ich, dass ich immer auf dem richtigen Weg in die richtige Richtung laufe und vom Fluss der Transformation geführt bin. Ich danke dem Sonnenaufgang, denn er erinnert mich daran, dass alles von Neuem beginnt und dass sich deshalb alles beständig bewegen und*

verändern muss. Uriel und 555, bitte segnet meinen Stein, segnet mich und haltet mich in euren schützenden Armen, und so sei es.

Sobald du deinen Kristall mit der Energie aller vier Himmelsrichtungen aufgeladen hast, wickle ihn aus und schiebe ihn in deine Hosentasche, in deinen BH oder in deine Handtasche, damit du bereit bist, dich dem Fluss aller Veränderungen, die jetzt in deinem Leben in Gang kommen, anzuvertrauen.

Zusatzzahlen für die Arbeit mit Erzengel Uriels Energie

550: Wer in seinem Leben Veränderung willkommen heißt, der hat Zugang zu zahllosen Varianten der Zukunft und zu einer aufregenden Vielfalt von Möglichkeiten.

551: Es ist an der Zeit, dass du die Sichtweise deiner persönlichen Magie veränderst. Du bist eine mächtige Schöpferin, also gestatte es dir, alle Bereiche in deinem Leben nach deinen Bedürfnissen zu modifizieren, mit denen du unzufrieden bist. Lass deinen Zauberstab sprechen, und sieh zu, wie sich die Veränderungen einstellen.

552: In deinem Leben gibt es eine Verbindung, die bereit ist, transformiert zu werden. Es könnte sich um die Beziehung zu einem anderen Menschen handeln, aber auch um ein kreatives Projekt oder um dein Verhältnis zu dir selbst.

553: Nur Arbeit und kein Spaß machen dich zu einem sehr langweiligen Menschen. Es ist an der Zeit, die Struktur deines Alltags so zu verändern, dass mehr Spiel und Spaß in deinem Tagesablauf Platz haben.

554: Manchmal sind Grenzen und Disziplin eine gute Sache. Aber jetzt wirst du gerade aufgefordert, deinen Blick auf diese beiden Elemente zu verändern. Uriel sagt: »Wo zuvor negativ war, ist jetzt positiv.«

556: Welchen Teil deiner selbst hast du bisher nicht so geliebt, wie er es verdient? Jetzt ist es an der Zeit, diesen Teil zu finden und deine Gedanken und Gefühle entsprechend zu verändern, dass du ihn sehen, dich ihm mitteilen und ihn annehmen kannst.

557: Neue Methoden zu erlernen, ist ein großartiger Weg, um Veränderung in deinem Leben willkommen zu heißen. Trage dich in einem Kurs ein oder schließe dich einer Gruppe an, und gestatte es der neuen Energie, dein Leben zu durchdringen.

558: Alles in der physischen Welt ist veränderlich. Es gibt keinen einzigen unveränderlichen Aspekt. Wenn du dich vor dem fürchtest, was als Nächstes kommt, dann vergegenwärtige dir die Natur und wie leicht sie Veränderungen zulässt, um Lebensenergie im Fluss zu halten.

559: Alle Beendigungen bringen Veränderung mit sich, und so ist es auch bei der, vor der du gerade stehst. Vergiss nicht, dass dieses Ende das Fundament für erstaunliche Transformation sein kann.

7. KAPITEL

666 – Erzengel Ariel: *Liebe dich so, wie wir dich lieben*

»Selbstliebe ist das wichtigste Geschenk, das du dir machen kannst, denn wenn du selbst dich liebst, dann zeigst du dem Rest der Welt, wie sie dich ebenfalls lieben kann.«

Die tiefere Bedeutung der 666

Das Wort »Liebe« findet in der Welt der Menschen eine inflationäre Verwendung, und doch wissen viele von uns nicht, was göttliche Liebe bedeutet, oder wie sie sich selbst so lieben können, wie es das Göttliche oder die Engel tun. Die Energie göttlicher Liebe erreicht ihre reinste Form, wenn es dir gelingt, dich selbst auf die Art der Engel zu lieben – wenn du Liebe lebst, Liebe bist und dein Leben aus dem Herzen und nicht aus dem Verstand führst. Es macht die Engel traurig, dass viele Menschen sich nicht lieben als die, die sie sind, oder glauben, dass sie besser jemand anderer wären als sie selbst. Sie erkennen, wie viele von uns damit ringen, sie selbst zu sein, und wie die Menschheit insgesamt sich ständig fragt, ob sie auch gut genug ist. Deshalb verlangt Erzengel Ariel von dir, dass du dich, sobald du die 666 erblickst, mit deiner Liebe nach innen wendest.

Fällt dir jemand ein, den du liebst – mit Haut und Haaren und ohne Vorbehalte? Vielleicht ist es ein anderer Mensch oder ein Haustier oder auch eine Sache oder Idee. Diese Liebe, die du anderen entgegenbringst, ist so rein, dass sie, ohne dass du hierzu einen Gedanken aufbringen musst, aus dir ausströmt. Diese Art Liebe bittet die 666 dich, auf dich selbst zu richten und dich damit vollzusaugen. Dich selbst zu lieben und dich für deine Selbstliebe zu öffnen, gestattet es dir herauszufinden, wie sich wahre Liebe wirklich anfühlt. Liebe ist nichts, was wir von anderen Menschen erlernen können; wir erlangen sie dadurch, wie wir selbst uns behandeln. Wenn du dir mit Mitgefühl begegnest, dann treten dir auch deine Mitmenschen mit Anteilnahme entgegen. Wenn du freundlich zu dir bist, dann steht es dir frei, von anderen Freundlichkeit zu erwarten. Betrachtest du dich, ohne zu urteilen, kannst du bei anderen auf Verurteilungen verzichten. Richtest du deine Liebe nach innen, strahlst du Liebe nach außen aus. Dein Schlüssel zu mehr Liebe in deinem Leben wie in der Welt ist die Engelzahl 666.

Die 666 stellt dir die Frage: »Wie viel Liebe kannst du selbst dir geben?« Was du dir selbst schenkst, das schenkst du der Welt. Die Engelzahl 666 erinnert dich daran, dass Liebe wie Atmen ist: Es ist unmöglich, nur auszuatmen. Zu irgendeinem Zeitpunkt benötigt dein Körper neue Luftzufuhr. Genauso wenig kannst du endlos die Luft anhalten, irgendwann musst du ausatmen. Das eine ist ohne das andere nicht denkbar. Bei der Liebe ist es nicht anders: Du nimmst sie auf, und du gibst sie ab – Selbstliebe, göttliche Liebe und Liebe zu allem. Das ist ebenso einfach wie Atmen. Über dein Atmen fällst du kein Urteil. Du erachtest es nicht als würdig oder lästig. Du verknüpfst mit dem Ein- und Ausatmen keine Bedingungen. Du akzeptierst es als etwas, das du tun musst, um zu überleben, und folgst deinem Instinkt. Die Engelzahl 666 ist dein neues gewohnheitsmäßiges Lieben. Sie macht dir klar, dass dich selbst zu lieben so einfach und instinktiv ist wie zu atmen. Wenn die Engel uns Menschen nichts anderes beizubringen haben, dann mögen sie uns wenigstens das Lieben lehren, denn man muss nichts tun, um geliebt zu werden. Du bist da, und deshalb wirst du geliebt. Du wirst geliebt werden, und deshalb wird von dir ausgehend diese Liebe in die Welt um dich her fließen. Es wird geschehen, ohne dass du darüber nachdenken musst, instinktiv und jedes Mal, wenn dir die 666 begegnet.

Erzengel Ariel

Ich erinnere mich noch an das erste Mal, als Erzengel Ariel in der Meditation zu mir kam. Um ehrlich zu sein, war das nicht eben eine wohlwollende Begegnung. Ich fragte sie immer wieder, ob sie ein Nixengeist sei, und sie erwiderte ein ums andere Mal, nein, das sei sie nicht. Zum damaligen Zeitpunkt wusste ich nicht eben viel über Engel oder darüber, wie viele von ihnen es gibt. (Für das Protokoll: Es existieren Hunderttausende von ihnen.) Ich bitte mein Abschweifen zu entschuldigen. Ich arbeitete etwa seit zwei Monaten mit Uriel, als Ariel in mein Leben trat. Für mich haben Ariel und Uriel eine ähnliche Energie, und wenn ich es nicht besser wüsste, würde ich glatt behaupten, dass sie zueinander in Beziehung stehen wie Yin und Yang. Doch je länger ich mit ihnen arbeitete, desto deutlicher trat für mich die Unterschiedlichkeit ihrer Energien zutage. Wenn man mit den beiden Engeln noch nie zu tun hatte, dann ist es entschuldbar, dass man sie für zwei Seiten ein und derselben Münze hält. Der größte Unterschied besteht darin, dass es Ariel bestimmt ist, den Menschen beizubringen, wie liebenswert sie sind. Sie dringt in das Leben von Menschen ein, um sie daran zu erinnern, dass sie geliebt sind, und nicht, dass sie Liebe brauchen. Das ist ein gewaltiger Unterschied. Allein schon, wenn du den Satz laut aussprichst, merkst du die energetische Andersartigkeit. Nur zu, probier es aus. »Ich bin geliebt«, und dann: »Ich brauche Liebe.« Der eine interpretiert deine Energie als Liebe und der andere als einen Mangel an Liebe.

Ariels Aufgabe sollte die leichteste der Welt sein, doch sie sagt mir, dass sie oft zu den schwersten gehört. Es bricht ihr das Herz, wie viele von uns sich nicht für liebenswert halten. Erzengel Ariel in das eigene Leben zu holen ist eine Lektion in Selbstliebe. Du musst nicht irgendwie würdig sein, damit sie zu dir kommt. Es ist nicht erforderlich, dass du irgendetwas bist oder tust, damit sie dich daran erinnert, wie viel Liebe du bereits in dir trägst. Im Laufe der Jahre hatte ich zahlreiche Klienten, die mir erklärten, wie unwürdig sie sich fühlten, die Engel überhaupt um Hilfe und Führung zu bitten, und die überzeugt davon waren, dass sie für frühere Missetaten verurteilt und verdammt werden könnten. Ariel will dich jedoch daran erinnern, dass du nicht würdig sein musst, der zu sein, der du bereits bist. Du bist geliebt. Liebe und du sind eins. Es gibt keine Trennung zwischen dir und der Schwingungsenergie, die wir Menschen als Liebe bezeichnen.

»Ich bin Liebe, ich bin«, lautet dein Mantra. Das ist dein Geburtsrecht. Liebe ist die Essenz, die dich geschaffen hat, die in dir fließt und dich von einer Inkarnation zur nächsten trägt. Alles, was du bist, alles, was du tust, und alles, was du wirst, ist eine Form von Liebe. Und es ist Erzengel Ariels Aufgabe, dich an diese Wahrheit zu erinnern. Denn es ist wahr, auch wenn wir daran zweifeln, es verdrängen oder davor fortlaufen. Wenn du Liebe bist, und das ist es, worum es geht, kannst du ihr niemals entkommen oder dich von ihr entfernen. Vielleicht willst du diese Tatsache nicht immer wahrhaben, aber das ändert nichts.

Nach unserer ersten Begegnung arbeitete ich monatelang gemeinsam mit Ariel daran, die vielen Verletzungen meines Herz-Chakras zu heilen. Mit eigenen Augen sah ich, wie sehr ich mir geschadet hatte, weil ich meinte, von der Liebe abgeschnitten und sie nicht wert zu sein. Die Wunden und Verletzungen hatte ich nicht deshalb, weil es für mich keine Liebe gab, sondern weil ich glaubte, nicht liebenswert zu sein. Ariel erinnert uns daran, dass Liebe nichts braucht, um zu sein, sie ist einfach. Gewähre ihr Zugang zu dir, und du wirst sehen, wie sehr du in Wahrheit der Liebe ähnelst.

Erzengel Ariels Visualisierung/Meditation

Sende dir selbst Liebe

In dieser geführten Meditation wirst du eine Verbindung herstellen mit Erzengel Ariel und der Schwingungsenergie der 666. Denk daran, dass man diese Energie weder richtig noch falsch erleben kann, denn sie wird von jedem anders erfahren. Manche werden im Verlauf der Meditation Körperempfindungen haben – Hitze, Kälte oder möglicherweise etwas wie eine Berührung im Gesicht oder am Kopf. Andere sehen vielleicht Farben oder empfinden eine allgemeine Intensivierung ihrer Sinneswahrnehmungen. Wieder andere bemerken beim ersten oder sogar beim zweiten und dritten Mal zunächst gar nichts. Das ist nicht schlimm und vollkommen normal. Doch sei dir bewusst, dass Ariel bei dir sein wird, egal was passiert oder nicht passiert, dich beschützt und für dich Platz schaffen wird, damit du die liebevolle Energie erforschen kannst, die mit der Schwingungsenergie der 666 einhergeht. Sorge dafür, dass du diese Meditation an einem ruhigen Ort machen kannst, an dem dich niemand stört. Wenn es dir richtig erscheint, kannst du eine weiße Kerze anzünden und sie während der gesamten Meditation brennen lassen. Aber vergiss nicht, sie am Ende zu löschen. Du könntest die Anweisungen zu dieser Meditation aufnehmen und dann abspielen, damit du nur zuzuhören brauchst und die Augen schließen kannst. Oder aber du behältst deine Augen offen und liest dir die Anleitung selbst vor. Wofür du dich auch entscheiden magst, du wirst Zugang zur Energie finden und von ihr profitieren.

Verhalte dich so, wie es sich für dich am besten anfühlt.

Lass uns anfangen.

Für diese Meditation ist es wichtig, dass du dir vorstellst, ein anderer Mensch zu sein, jemand, der von dir losgelöst und dennoch mit dir verbunden ist. Diese Vorstellung ist deshalb bedeutsam, weil es uns leichter fällt, für andere zu sorgen als für uns selbst. Erschaffe also für diese Meditation ein Bild von dir, das besonders viel Fürsorge benötigt. Es könnte dein inneres Kind sein oder eine Version von dir, die physische Heilung benötigt, oder ein Aspekt, der mental und emotional mit sich ringt, oder ein Fragment deiner selbst, das sich anpasst und daran erinnert werden muss, dass du auch dann, wenn du dich gut fühlst und dich antreibst, Freundlichkeit, Mitgefühl, Unterstützung und Erbauung brauchst. Es spielt keine Rolle, welche Version deiner selbst du wählst, vorausgesetzt du anerkennst diese Version deiner selbst als eigenständig, aber dennoch mit dir verbunden.

Mach es dir bequem, hole ein paarmal tief und langsam Luft und wähle eine Version deiner selbst, die du vor deinem inneren Auge siehst. Sieh, wie sie mit sich ringt, zweifelt, sich ausbreitet, traurig oder schmerzerfüllt ist. Gestatte es dir, dich ganz auf die Version, die du von dir geschaffen hast, einzulassen und auf die Szene, in der sie sich befindet. In welchen Rahmen hast du deine Version von dir gestellt? Welcher Art ist die Umgebung, in der du dich befindest? Was hörst du, und wie fühlst du dich, wenn du dich selbst betrachtest? Während du deine Vorstellung auf deiner inneren Leinwand anschaust, sammle so viele Informationen daraus wie nur möglich, ohne dich emotional an die Szene zu verlieren. Lege deine Hand auf dein Herz. Bitte um die Energie der 666 und um die Heilkraft von Erzengel Ariel, damit sie durch dich hindurch in die Sequenz und zu dieser Version deiner selbst einfließen, die Selbstliebe und Selbstfürsorge braucht. Beobachte, wie die Energie von deinem Herzen in die Szene gelangt und sie mit rosafarbenem Licht durchdringt. Je mehr Energie du von deinem Herz-Chakra auszusenden vermagst und je tiefgreifender du die Verbindung zur 666 und zu Erzengel Ariel gestaltest, desto mehr wird das Bild vor deinem inneren Auge von Licht erfüllt. Vergiss nicht zu atmen, während du das rosafarbene Licht aussendest, das dieser Aspekt von dir braucht. Durchtränke die Szene mit so viel Selbstliebe und Selbstfürsorge, wie du aufbringen kannst. Beobachte, wie diese Version deiner selbst die Energie aufsaugt. Sieh zu, wie sie das rosafarbene Licht mit dem Atem in sich aufnimmt. Bezeuge, wie die Version deiner selbst vom Kopf bis hinab zu den Zehen angefüllt ist mit Licht und hell strahlt wie ein rosafarbener Stern.

Sobald du meinst, ganz und energetisch aufgeladen zu sein, und kein energetisches Ziehen mehr spürst, wiederhole die Worte »Ich danke dir, und ich liebe dich« dreimal, bevor du deine Hand von deinem Herzen nimmst. Hole ein paarmal langsam Luft durch die Nase, und atme durch den Mund aus. Kehre zu dir und in deinen Körper zurück, und sei dir deiner selbst und darüber bewusst, dass es dieser Version deiner selbst, der du in der Meditation begegnet bist, gegenwärtig viel besser geht als zuvor. Atme weiterhin langsam und tief, bis du vollständig ins Hier und Jetzt zurückgekehrt bist und begreifst, dass du nun ganz bist, vollständig und eins mit allen deinen Aspekten. Du kannst diese Meditation jederzeit wiederholen, und du kannst die Energie jeder Version deiner selbst zuführen, die du auswählen möchtest. Die Macht der Selbstliebe und Selbstfürsorge liegt im wahrsten Sinne des Wortes in deinen Händen.

Einen Altar für die 666 und Erzengel Ariel einrichten

Wenn du diesen Altar einrichtest, dann erinnere dich daran, dass er auch deiner Selbstfürsorge und deiner Selbstliebe dient. Zu diesem Zweck kannst du eine entsprechende Traumcollage anfertigen. Schneide hierzu aus Zeitschriften Bilder aus, die für dich Selbstfürsorge und Selbstliebe darstellen, und klebe sie auf einen Karton. Ansonsten benötigst du für deinen Altar ein Bild von Ariel oder eine Orakelkarte, eine rote Kerze, um reine, tiefe Liebe zu symbolisieren, die auf ein Blatt Papier geschriebene Zahlenfolge 666, eine Prise Salz, eine Handvoll Erde, ein paar Federn und alles, was nach deiner Auffassung auf deinem Altar sonst noch für Selbstfürsorge und Selbstliebe stehen soll. Außerdem wirst du dich hinsetzen und ein Gebet oder eine Intentionsaussage für Ariel und die 666 aufschreiben wollen. Dein Text könnte etwa folgenden Wortlaut haben: »Ariel, ich ersuche dich, mir den Weg zur Selbstliebe zu zeigen. Führe mich, damit ich liebevolle Entscheidungen für mich treffe, und öffne mein Herz, damit ich mich selbst mit göttlichen Augen sehen kann.«

Sobald dein Altar eingerichtet ist, rate ich dir, ihn zur Reinigung zu besprühen oder ihn mit einer entsprechenden Rosenblätterräucherung vorzubereiten. So kannst du den Raum neutralisieren und auf deine Gebetsarbeit einstimmen. Wenn dein Altar gereinigt ist und du bereit bist, mach ein paar tiefe Atemzüge, entzünde deine rote Kerze und trage laut deine Intentionsaussage vor. Beginne hierzu mit den Worten: »Ich rufe Erzengel Ariel und die Macht der 666, damit sie meine Intention hören und mir helfen, sie auf die fürsorglichste Weise zu verwirklichen. Möge meine Intention meinem Besten und zum Besten aller beteiligten Personen dienen.« Lies dann deine Intentionsaussage beziehungsweise dein Gebet vor: »Meine Intention ist ... ich bete darum ...«

Um das Ritual zu beenden, kannst du entweder die Kerze löschen oder sie brennen lassen, falls dies gefahrlos möglich ist. Wenn du die Kerze ausblasen möchtest, dann verbinde es mit den folgenden oder ähnlichen Worten: »Indem ich diese Kerze lösche, vertraue ich darauf, dass der Rauch meine Intention in den Himmel trägt, damit sie vom Universum manifestiert wird. Ich bin bereit für die Erfüllung meines Wunsches. So sei es.« Dann kannst du die Kerze löschen.

Danach ist es deine Aufgabe, auf alle Angebote von Liebe und Hingabe in deinem Leben zu achten. Bewerte sie nicht, und ziehe auch ihre Motive nicht in Zweifel. Lerne es, einfach nur Danke zu sagen, das Geschenk anzunehmen und dein Herz bedingungslos sowie ohne Erwartung und Einschränkung empfangen zu lassen. Vertraue darauf, dass Erzengel Ariel die Energie, die jetzt in dein Leben gelangt, dirigiert.

Hinweise für automatisches Schreiben

Sobald du deine Gebetsarbeit geleistet hast oder vielleicht auch bereits nach der Visualisierung, wirst du feststellen, dass sich deine Verbindung zu Ariel öffnet und dass Mitteilungen und Informationen langsam oder schneller einzutreffen beginnen. Sie können aus einzelnen Worten und Sätzen bestehen oder auf ein inneres Wissen zurückgehen. Wenn es dir richtig erscheint, dann nimm dir dein Tagebuch vor und schlage Kapital aus diesem Kommunikationsweg. Du könntest der Seite die Überschrift »Gespräche mit Ariel und der 666-Schwingungsenergie« geben. Wenn du mit Tagebuchschreiben vertraut bist, dann kannst du sofort loslegen, denn du wirst wissen, wie du die zarten Anstöße durch die Informationen, die von Erzengel Ariel und der 666 zu dir fließen, auffassen kannst. Falls Tagebuchschreiben neu für dich ist, steht es dir frei, die nachfolgenden Hinweise zu nutzen, um in Gang zu kommen:

1. Ariel, wie kann ich feststellen, ob du in der Nähe bist?
2. In welchen Bereichen meines Lebens muss ich lernen, mehr Selbstliebe aufzubringen?

3. Warum habe ich mich bisher so sehr anstrengen müssen, um mich selbst im gleichen Maß zu lieben, wie ich andere liebe?
4. Wie kann ich in meinem Alltag mehr liebevolle und hingebungsvolle Praktiken etablieren?
5. Wie kann es mir heute helfen, wenn ich mich auf die Energie der 666 ausrichte?

Möglicherweise wirst du feststellen, dass bereits die Lektüre dieser Hinweise einen Schreibfluss auslöst und du sofort über sie hinauswächst. Lass dich auf den Prozess ein, vertraue darauf, dass Ariel dir die Hand führt, und verzichte darauf, das, was eintrifft, mit dem Verstand zu beurteilen.

Engelkristall: Rosenquarz

Rosenquarz ist der Kristall des Herzens. Er schwingt im Gleichklang mit der Frequenz bedingungsloser Mutterliebe. Deshalb fühlen sich so viele Menschen von ihm angezogen. Er strahlt eine sanfte, liebevolle Gegenwärtigkeit aus, die unsere Nerven beruhigt, unsere Energie zurück in den Körper erdet und Verletzungen ruhig und sanft heilt. Deshalb ist Rosenquarz ideal geeignet, um die Energie der 666 und die sanfte, liebevolle Strahlkraft von Erzengel Ariel aufzunehmen. Hierzu benötigst du einen Rosenquarz, den du bequem mit der Hand umschließen kannst, denn du wirst ihn häufig bei dir tragen wollen. Außerdem ein ausreichend großes Blatt Papier, um ihn darin einzuwickeln, und einen

Gummiring oder ein Stück Klebestreifen, um das Papier zu befestigen, und einen Stift. Zusätzlich sind eine rosafarbene Kerze, die sich auf deinen Rosenquarz ausrichtet, ein Foto von dir selbst und ein Kurzzeitwecker erforderlich. Stelle diesen Timer auf zwei Minuten ein.

Als Erstes schreibst du die Zahlenfolge 666 als Überschrift oben auf dein Blatt Papier. Darunter fügst du die nachfolgenden Affirmationen hinzu:

>»Ich bin Liebe, ich bin.«
>»Ich bin die Frequenz der Liebe.«
>»Ich bin im Einklang mit Liebe.«
>»Mein Leben ist ein lebendiges Gebet der Liebe.«
>»Mein Leben befindet sich jeden Tag und auf jede Weise im Einklang mit der Frequenz göttlicher Liebe.«

Falls dir noch weitere eigene Affirmationen einfallen, dann kannst du sie ebenfalls notieren, doch reichen diese fünf vollkommen aus. Wenn du möchtest, hast du die Möglichkeit, dein Blatt Papier außerdem zu verzieren oder es mit Abbildungen von Dingen, die du liebst, oder von dir selbst zu bekleben. Sobald du damit fertig bist, legst du den Rosenquarz in die Mitte deines beschriebenen Blattes, wickelst den Stein darin ein und fixierst es mit dem Gummiring oder Klebeband.

Sobald du diese Aufgabe erledigt hast, setzt du dich vor deinen Erzengel-Ariel-Altar. Stelle die rosafarbene Kerze darauf, und zünde sie an. Mach es dir bequem, und richte deinen Blick auf die Kerzenflamme. Halte deinen Kristall in der Hand, egal in welcher, und führe ihn an dein Herz. Dann löst du den Timer aus. Für die Dauer der eingestellten Zeit wiederholst du die Worte »Ich liebe dich« wie ein Mantra wieder und wieder. Dabei kannst du die Augen offen haben und auf die Kerzenflamme fokussieren oder sie schließen, falls es dir auf diese Weise leichter fällt, dich zu konzentrieren. Wenn der Timer mitteilt, dass die zwei Minuten abgelaufen sind, dann spring nicht gleich auf, sondern bleibe noch ein wenig mit deinem Kristall sitzen und überlege, ob du ihn auswickeln oder eingepackt lassen willst, damit er so die aufgenommene Energie tief in sich speichert. Vertraue darauf, dass die Entscheidung, welche du auch triffst, die richtige für dich und dein Herz und für deine weitere Zusammenarbeit mit Erzengel Ariel und die 666 ist.

Zusatzzahlen für die Arbeit mit Erzengel Ariels Energie

660: Je mehr Liebe du dir selbst schickst, desto mehr Gelegenheiten zur Selbstliebe erhältst du. Denn ausnahmsweise befindest du dich in der Spirale deiner eigenen Liebe, die sich ausdehnt und dir neue Wege zeigt, um sie auszudrücken, hervorzubringen und zu empfangen.

661: Sei führend in Sachen Selbstliebe, indem du heute Möglichkeiten findest, um zu zeigen, dass Liebe das mächtigste Werkzeug in deiner magischen Werkzeugkiste ist. Sende deine Liebe an deinen Chef, deinen

Vorarbeiter und an jeden in deinem Leben, der eine höhere Position hat als du. Sieh sie eingehüllt in der gleichen liebevollen Energie wie dich selbst.

662: Sende deinem früheren Selbst Liebe. Sieh dich vor deinem inneren Auge, wie du in einer Situation in der Vergangenheit warst und sende dir in diesem Zustand so viel Liebe, wie du aufbringen kannst. Stell dir genau vor, wie du von dieser Liebe überströmt wirst und wie sie die Energie deines früheren Selbst heilt und transformiert.

663: Schicke deinem zukünftigen Selbst Liebe. Du lebst von dem, was an Liebe übrig ist, das heißt: Was du jetzt erlebst, hast du vor Wochen, Monaten oder manchmal sogar vor Jahren vorbereitet. Also mach heute deinem zukünftigen Selbst das Geschenk der Liebe. Wähle ein Datum in der Zukunft, stell dir vor, wer und wie du an diesem Punkt auf dem Zeitstrahl sein wirst, und bade dich in Liebe. Denk nur, wie wunderbar diese Liebe sein wird, wenn du erst bis zu ihr vordringst!

664: Ziehe deine Grenzen mit Liebe. Oftmals errichten wir für unsere Selbstverteidigung Mauern um uns her. Sie werden von unserer Angst in starke Vibrationen versetzt. Wenn dir diese Zahlenfolge begegnet, dann bist du aufgefordert, diese Mauern einzureißen und stattdessen eine Grenze aus Liebe aufzubauen. Begründe liebevolle Schranken und Beschränkungen um dein Leben, deinen Körper, deinen Geist und deine Energie. Dies als Akt der Selbstliebe zu tun, gewährt nur der besten Energie Zugang zu dir.

665: Öffne dich liebevoll der Veränderung. Bewahre sie in deinem Herzen. Sag ihr, dass du sie liebst, und sieh sie eingehüllt in das Licht von Erzengel Ariel und sei dir bewusst, dass diese Veränderung direkt von der Frequenz der Liebe zu dir kommt.

667: Ariel hat mir einmal gesagt, dass die Lektionen des Lebens nicht schwer oder hart sein müssen. Ja, wir können sogar darum bitten, dass sie sanft, freundlich und liebevoll sein mögen. Wenn du also heute dieser Zahlenfolge begegnest, dann erbitte liebevolle statt schwerer und schneller Lektionen.

668: Liebe, was du hast. Liebe, was du erschaffen hast, und liebe alles, was du noch haben willst. Deine materielle Welt mit Liebe zu erfüllen bedeutet, dass jeder Austausch gewollt, stärkend und Wachstum befähigend ausfällt.

669: Nimm dir einen Augenblick Zeit, um über die Liebe nachzudenken, die du für dein Leben erhalten hast. Halte dich nicht mit der Beurteilung ihrer Qualität oder Größe auf, sondern anerkenne lediglich, dass sie da war, noch immer vorhanden ist und immer da sein wird. Du kommst aus der Liebe und wirst zu ihr zurückkehren.

8. KAPITEL

777 – Erzengel Raziel: *Das Unbekannte ist dein Führer, vertraue ihm*

»Wenn du dich dem Unbekannten öffnest, dann gewinnst du Bereicherung und Wachstum.«

Die tiefere Bedeutung der 777

Ist dir schon einmal aufgefallen, dass du, je mehr du weißt, desto deutlicher erkennst, wie wenig du tatsächlich begreifst? So stellt sich die Energie der 777 dar. Sie steht für den Hunger nach Wissen und den unstillbaren Durst nach Erkenntnis. In vielerlei Hinsicht ist die 777 eine Aufforderung an dich, umfassendere Bildung anzustreben und auf allen Ebenen eine breitere Basis zu erreichen, nicht nur auf der mentalen. Wenn die 777 in deinem Leben erscheint, dann ruft sie dir ins Bewusstsein, dass für dich Lektionen in Vorbereitung sind. Manche von ihnen können neu sein, andere alt, die wieder aufkommen, damit sie abschließend gelernt, erledigt und geheilt werden können. Interessant an der 777 ist, dass du sowohl der Lehrer als auch der Schüler sein könntest. Hier kennt die 777 keinen Unterschied, und deshalb führen wir diese Zahlenfolge unter der Bezeichnung »Lehrer/Schüler«. Denn wenn wir uns auf dem Weg des Wissens, der Weisheit und der Erkenntnis befinden, dann begegnet uns die 777, ohne sich darum zu kümmern, ob wir uns gerade in der Rolle des Lehrenden oder des Lernenden befinden. Du unterweist diejenigen, die dir auf dem Weg nachfolgen, aber du lernst zugleich von denjenigen, die dir vorausgehen.

So gesehen macht uns die 777 klar, dass Bildung Geben und Nehmen ist. Sie ist ein Tanz mit vielfach wechselnden Partnern, ein ständiges Drehen und Kreisen in Bewegung, und du weißt nie, wer oder was dir als Nächstes begegnet. Jedes neue Unbekannte hat eine neue Lektion im Gepäck, die gelernt werden will, und als Reisebegleiter eine neue Person, die du an deinen Erkenntnissen teilhaben lassen kannst. Erzengel Raziel ist bewusst, dass wir ständig Wissen austauschen. Wir befinden uns in einem unablässigen Dialog mit der 777, meistenteils unwissentlich. Wir lehren bereits, indem wir leben. Dieses Schieben und Ziehen, Geben und Nehmen, Yin und Yang ist unsere Art, die Energie der 777 einzubringen. Lernen vom Unbekannten, das ist es, worum es bei dieser Reise geht, denn immer finden wir uns an Orten wieder, an denen wir Informationen empfangen oder teilen.

Erzengel Raziel fragt: »Welche Lektion versucht deine Aufmerksamkeit zu erregen?« Um die Antwort auf diese Frage zu finden, musst du nur warten, bis die 777 das nächste Mal in dein Leben tanzt. Welche Situation durchlebst du dann gerade? Wer ist bei dir? Wo befindest du dich physisch? Ich selbst bemerkte die 777 vor allem auf Nummernschildern, die mir auf meinem Weg zu den Workshops, die ich gerade abhielt, ins Auge sprangen. Unweigerlich zeigte sich jedes Mal, wenn ich mich auf den Weg zum Unterricht machte, die 777 direkt vor mir. Am Ende habe ich das Erscheinen der 777 schon fast eingeplant. Obwohl ich die Leiterin des Kurses war, ging ich jeden Tag mit neu hinzugewonnenem Wissen nach Hause. Und genau darauf zielt die 777 ab: uns das Unbekannte nahezubringen und alles das, von dem wir nicht wussten, dass wir es nicht wissen. Auf diese Weise wird das Fremde zu einem unserer besten Führer. Erzengel Raziel weiß das nur zu gut, und deshalb macht es ihm solchen Spaß, die 777 genau zum richtigen Zeitpunkt in unserem Leben aufblitzen zu lassen. Betrachte die 777 als Raziels Methode, um zu unserem Wohl und höchsten Gut zu konspirieren. Er macht dich auf etwas aufmerksam, das du nicht wusstest, aber wissen musst, das du nie gewählt haben würdest, weil du nicht wusstest, dass du es nicht wusstest, aber doch wissen musst. Verwirrend, oder? Raziel liebt Rätsel und unvorhersehbare Zickzacklinien, also sei nicht beunruhigt, wenn sich alles in deinem Kopf dreht. Vertraue vielmehr darauf, dass sich die 777 in deinem Leben zeigt, weil dir eine notwendige Erfahrung bevorsteht, du eine Lektion lernen, eine Idee haben, einen Perspektivenwechsel absolvieren oder eine Erkenntnis generieren musst, die es lohnt weiterzugeben und deren Erfordernis du erst dann erkennst, wenn sie sich unmittelbar vor deiner Nase befindet.

Erzengel Raziel

Raziel ist ein Gauner, Magier, Rätselmeister und Mathematiker. Er hat einen besonderen Zugang zu Puzzles, Gleichungen und Lösungssuchen und liebt es, verborgenes Wissen an die Oberfläche zu heben. Wann immer es ein Problem zu lösen oder etwas Neues zu lernen gibt, dann ist Raziel ganz Feuer und Flamme. Als ich Raziel kennenlernte, versuchte ich gerade, mich mit allen meinen neuen Engelfreunden zurechtzufinden. Mein Leben war auf den Kopf gestellt worden, und ich mühte mich damit ab, im See des Unbekannten Boden unter die Füße zu bekommen. Ich würde ja gerne behaupten, dass Raziel gekommen sei, um mir einen Rettungsring zuzuwerfen, aber solche Aktionen sind nicht sein Stil. Er gehört eher zu der Sorte Engel, die am Ufer steht und dich mit Fragen bombardiert, während du zu schwimmen versuchst. Raziel ist nicht der Typ, der einfach nur Antworten liefert. Er schafft lieber die Bedingungen, in denen du deine eigenen Antworten und Durchbrüche und selbst den Rückweg zum Ufer findest. Diesem Erzengel liegt nicht Perfektion, sondern das Ergebnis am Herzen. Je unübersichtlicher die Gleichung und je unbeholfener die Lösungssuche, desto glücklicher ist Raziel, und genau in diesen Zusammenhängen offenbart sich einer der Schlüssel für die Zusammenarbeit mit diesem Engel und mit der 777-Energie.

Es soll uns gar nicht gefallen, dem Unbekannten zu vertrauen. Man kann das, was man lernen muss, nicht auf elegante Weise erwerben. Immer geht es um Versuch und Irrtum und darum, erst die falschen Schritte zu machen, bevor die richtigen folgen. Jedenfalls kann man sicher sein, dass das Leben interessant wird, wenn einem Raziel über den Weg läuft. Zieh also bequeme Klamotten an, steck dir die Haare auf und sei darauf gefasst, dir heute die Hände schmutzig zu machen und vielleicht die Knie aufzuschlagen. Hier geht es nicht darum, vorbereitet oder mental beziehungsweise spirituell eingewiesen zu sein. Du wirst aus deiner Komfortzone fliegen, und Raziel wird dir tief in die Seele blicken und von dir Vertrauen verlangen. Er erwartet von dir, dass du den Ereignissen und dem, was sich offenbart, vertraust, auch darauf, dass all das Durcheinander und die ganze Verwirrung nichts anderes als der Weg zu Wissen, Antworten und Lösungen sind. In vielerlei Hinsicht ist dieses Chaos befreiend, denn man kann in der Zusammenarbeit mit Raziel und der 777 nichts richtig oder falsch machen. Wenn sich die 777 in deinem Leben einrichtet, dann ist es an der Zeit, die Regionen darin zu lokalisieren, in denen die Dinge auf den Kopf gestellt werden. Es könnte sogar ein umfassender Bereich deines Lebens sein, der aus dem Ruder gelaufen scheint und dich überfordert. Dort wirst du auf Erzengel Raziel treffen.

Aber versteh mich bitte nicht falsch, er ist nicht derjenige, der das Chaos veranstaltet; ihm geht es darum, die Informationen zu finden, die erforderlich sind, um die Wogen zu glätten, denn er will damit dir und allen anderen Beteiligten ein gewisses Gefühl von Normalität zurückgeben. Diese Details sind ein Bestandteil der Erkenntnisse, die dir bisher, ohne dein Wissen, fehlten. Sobald du in Erfahrung gebracht hast, um welchen Bereich in deinem Leben es sich handelt, ist es an der Zeit, die ersten Schritte deines Weges gemeinsam mit Raziel und der 777 zu gehen und das heißt, dass du dich ausliefern musst. Verabschiede dich von allem, was du zu wissen glaubst. Wenn du deinen Geist leerst, dann schaffst du Platz für Neues. Je leerer du bist, desto mehr können dich das Wissen und die Erkenntnisse erfüllen, die Raziel und die 777 mitbringen.

Erzengel Raziels Visualisierung/Meditation

Sich für Antworten, Lösungen und neue Informationen öffnen

In dieser geführten Meditation wirst du eine Verbindung herstellen mit Erzengel Raziel und der Schwingungsenergie der 777. Diese Meditation hilft dir, dich mit der Frequenz von Wissen, Weisheit und Erkenntnis zu verbinden. Sie kann auch genutzt werden, um möglicherweise vorhandene Ängste oder Zweifel abzubauen. Solche in der Angst verankerte Energie könnte sich sehr wohl in deinem Widerstand dagegen ausdrücken, dass du dich für neue Lerninhalte öffnest. Sie blockiert möglicherweise die Antwort auf eine Frage oder die Lösung eines Problems und hindert dich daran, in deinem Leben sichtbar zu werden. Die Meditation könnte dich außerdem darin unterstützen, deinen Fokus zu verschieben und deinen Geist von einem Problem abziehen, damit das Unsichtbare sichtbar wird. Denk daran, dass man diese Energie weder richtig noch falsch erleben kann, denn jeder Mensch nimmt sie auf seine Weise wahr. Manche werden im Verlauf der Meditation Körperempfindungen haben – Hitze,

Kälte oder vielleicht etwas wie eine Berührung im Gesicht oder am Kopf. Andere sehen möglicherweise Farben oder empfinden eine allgemeine Intensivierung ihrer Sinneswahrnehmungen. Wieder andere bemerken beim ersten oder sogar beim zweiten und dritten Mal zunächst gar nichts. Das ist nicht schlimm und vollkommen normal. Doch sei dir bewusst, dass Raziel an deiner Seite sein wird, egal was passiert oder nicht passiert, dich beschützt und für dich den Raum schaffen wird, damit du das, was für dich sichtbar wird, erforschen kannst. Sorge dafür, dass du diese Meditation an einem ruhigen Ort machst, an dem dich niemand stört. Wenn es dir richtig erscheint, dann zünde eine blaue Kerze an, denn Blau ist die Farbe des Hals-Chakras beziehungsweise des Kommunikationszentrums. Am besten lässt du sie während der gesamten Meditation brennen. Aber vergiss nicht, sie am Ende zu löschen. Es steht dir frei, die Anleitung zu dieser Meditation aufzunehmen und später abzuspielen, damit du nur zuzuhören brauchst und die Augen schließen kannst. Oder du behältst deine Augen offen und liest dir die Anweisungen dann vor, wenn du sie benötigst. Wie du dich auch entscheidest, du wirst Zugang zur Energie finden und von ihr profitieren.

Verhalte dich so, wie es sich am besten für dich anfühlt.

Lass uns anfangen.

Beginne damit, dass du es dir bequem machst. Finde eine gute Position auf einem Sessel oder im Liegen. Sei dir darüber im Klaren, dass du nicht einschlafen wirst, denn dein Bewusstsein wird fokussiert sein und alles, was du tust, und die Energien, auf die du dich einstimmst, wahrnehmen. Sobald du dich eingerichtet hast, konzentriere dich auf deinen Atem. Spüre, wie die Atemluft in deinen Rachen gelangt, sich in deine Lunge schiebt und mit ihr deinen Bauchraum füllt. Beim Ausatmen fühlst du, wie die verbrauchte Atemluft den Rückweg zurücklegt und aus deinem Mund strömt. Während du weiter atmest, erinnere dich an eine Schwierigkeit oder eine Situation, die dich quält, oder an eine Frage, auf die du eine Antwort suchst. Falls es in deinem Leben gerade keine inneren Kämpfe gibt, möchtest du vielleicht nur sehen, was von deinem gegenwärtigen Standpunkt aus unsichtbar ist. Jedenfalls meditierst du bewusst dafür, dass sich dir etwas offenbart, was sich dir bisher entzogen hat oder jetzt an die Oberfläche geholt werden soll.

Konzentriere dich auf deinen Atem. Hole langsam durch die Nase Luft, und stoße sie durch den Mund wieder aus. Gestalte jeden Atemzug so lang und tief wie möglich. Schicke deinen Atem beim Luftholen in die Frage oder die fragliche Situation. Beim Ausatmen öffnest du dich für die Antwort oder Lösung. Atme das Unbekannte ein und das, was sich offenbart, aus. Sobald du dich mit deiner Atemarbeit sicher fühlst, lade Erzengel Raziel in deinen Meditationsraum, in deine Energie und Aura ein. Gestatte es ihm, dich auf die Frequenz des Bekannten, des Gefundenen und des Offenbarten auszurichten. Möglicherweise siehst du ihn als Farbe oder als Lichtstrahl, der die Frage, Situation oder das Problem einhüllt. Er könnte auch in seiner ganzen Gestalt auftauchen, bereit, dich auf die Antwort hinzuweisen und zu dir von unbekannten Dingen zu sprechen. Lass ohne Widerstand zu, dass sich entfaltet, was sich entfalten will, und bleibe bei deiner Atemarbeit. Atme tief und langsam ein und vollständig aus. Bleibe bei dieser Energie, bis du spürst, dass, was du empfangen hast, alles ist, was dir gerade zugänglich ist. Du wirst merken, wenn dies der Fall ist, da du einen Energieschub oder eine Kühle oder eine innere Gewissheit empfinden wirst, wenn du fertig bist.

Sobald du das Ende erreicht hast und sicher weißt, dass deine Bindung an das Gesuchte aufgelöst wurde, kehrst du mit deinem Bewusstsein langsam zurück in deinen Körper und in den Raum. Solange deine Erinnerung an die Geschehnisse frisch ist, nimm dir dein Tagebuch und notiere alles, was sich dir in der Meditation neben Raziel sonst noch offenbart hat. Falls du deine Antwort oder Lösung erhalten hast, dann ist als Nächstes dein Handeln gefragt. Solltest du jedoch meinen, dass die erhaltene Information noch unvollständig ist, dann wiederhole die Meditation so lange, bis du die gesuchten Antworten entgegengenommen hast. Erzengel Raziel wird nie müde, Fragen zu beantworten, einfache oder schwierige Probleme zu lösen oder dir neue Dinge zu zeigen. Folglich kannst du diese Übung beliebig oft wiederholen.

Einen Altar für die 777 und Erzengel Raziel einrichten

Wir alle haben etwas, was wir lernen wollen. Wir ersinnen innovative Ideen, erwerben neue Fertigkeiten oder entwickeln Vorstellungen von Abenteuern, die wir gerne erleben würden. Der wichtigste Zugang zu allen diesen Innovationen besteht darin, sich für neues Wissen, neue Weisheit und fremde Arten des Seins und Tuns zu öffnen. Am wirkungsvollsten ist es, diesen Altar immer genau für die Neuerung einzurichten, die du dir gerade wünschst. Falls du noch einmal eine Ausbildung machen möchtest, dann schreib dir selbst einen Brief, als seiest du das Schulsekretariat oder die Zulassungsstelle einer Universität, an die du gehen möchtest, und teile dir mit, dass du angenommen bist. Schreibe so freundlich und verständnisvoll, wie du nur kannst. Falls du einen neuen Arbeitsplatz suchst, dann formuliere einen Brief wie vom Personalbüro und gratuliere dir zu deiner neuen Position. Welcher Art das ersehnte Abenteuer auch sein mag, richte an dich ein Schreiben, das dir grünes Licht gibt. Beanspruche es. Ergreife davon Besitz. Dann lege es auf deinen Altar zusammen mit einer Abbildung, die verdeutlicht, womit Raziel dich in Übereinstimmung bringen soll. Zu den Dingen, die du außerdem für deinen Altar brauchst, gehören ein Bild von Erzengel Raziel oder eine entsprechende Orakelkarte, deine dunkelblaue Karte zur Eröffnung der Kommunikation, die Zahlenfolge 777, die du auf ein grünes Blatt Papier geschrieben hast, eine Prise Salz als Schutz, eine Handvoll Erde für die Erdung deines Gebets, ein paar Federn stellvertretend für die Engel und alles sonst, von dem du meinst, dass es sich auf deinem Altar befinden sollte. Sicherlich möchtest du dir auch die Zeit nehmen, um schriftlich ein Gebet oder eine Intentionsaussage für Raziel und die 777 zu formulieren. Nachfolgend ein entsprechendes Beispiel: »Ich rufe dich Raziel, damit du mir hilfst, auf ein höheres Niveau zu gelangen, neue Fertigkeiten zu erwerben und mein Wachstum und meine Entfaltung voranzubringen. Ich bitte dich, mich zu führen und zu unterstützen, damit ich den Mut aufbringe, mich auf dieses Abenteuer hinein ins Unbekannte einlassen zu können.«

Wenn dein Altar eingerichtet ist, solltest du ihn und sein Umfeld mental und energetisch reinigen und für deine Gebetsarbeit vorbereiten, indem du ihn etwa mit einem verdünnten ätherischen Öl besprühst. Sobald du deine magischen Werkzeuge beisammenhast und dein Altar präpariert, ausgestattet und bereit ist, hole ein paarmal tief Luft, entzünde deine Kerze und trage deine Intentionsaussage laut vor, indem du mit folgenden Worten beginnst: »Ich rufe Erzengel Raziel und die Macht der 777, damit sie meine Intention hören und mir helfen, sie auf die klügste Weise zu manifestieren. Möge meine Intention zu meinem Besten und zum Besten all der Menschen sein, die an ihrer Verwirklichung beteiligt sind.« Dann fahre fort, indem du deine Intentionsaussage beziehungsweise dein Gebet vorträgst: »Meine Intention ist ... ich bete darum ...«

Zur Beendigung des Rituals kannst du entweder die Kerze löschen oder sie weiter brennen lassen, wenn dies gefahrlos möglich ist. Falls du sie ausbläst, sprich zunächst folgende Worte: »Indem ich diese Kerze lösche, vertraue ich darauf, dass der Rauch meine Intention hinauf in den Himmel trägt, damit sie dort durch das Universum manifestiert wird. Ich bin bereit zu empfangen, worum ich bete, und so sei es.« Jetzt kannst du deine Kerze löschen.

Danach ist es deine Aufgabe, offen und empfänglich zu bleiben und darauf zu vertrauen, dass Raziel dein Gebet gehört hat und dass du Einfluss auf deinen zukünftigen Zeitstrahl genommen hast.

Hinweise für automatisches Schreiben

Sobald du deine Gebetsarbeit geleistet hast oder vielleicht auch bereits nach der Visualisierung, wirst du feststellen, dass sich dein Zugang zu Raziel öffnet und er mit dir zu kommunizieren beginnt. Das kann in Form von einzelnen Worten, ganzen Sätzen oder einer Art inneren Wissens geschehen. Wenn es dir richtig erscheint, dann nimm dir dein Tagebuch vor und schlage Kapital aus diesem Kommunikationsweg. Du könntest der Seite die Überschrift »Gespräche mit Raziel und der 777-Schwingungsenergie« geben. Wenn du mit Tagebuchschreiben vertraut bist, dann kannst du einfach loslegen, denn du wirst wissen, wie du die zarten Anstöße, die durch die Informationen von Erzengel Raziel und die 777 zu dir fließen, aufzufassen hast. Falls Tagebuchschreiben etwas Neues für dich ist, steht es dir frei, dich der nachfolgenden Hinweise zu bedienen, um in Gang zu kommen:

1. Raziel, wie kann ich feststellen, ob du in der Nähe bist?
2. In welchen Bereichen meines Lebens fehlt mir ausreichendes Vertrauen in mich selbst und in meine innere Weisheit?
3. Warum habe ich mich bisher anstrengen müssen, um mich auf das Unbekannte einzulassen und mich meiner inneren Weisheit anzuvertrauen?

4. Wie kann ich Raziels Zeichen besser erkennen und das Vertrauen aufbringen, dass sie mich in die richtige Richtung führen?
5. Wie kann es mir heute helfen, wenn ich mich auf die Energie der 777 ausrichte?

Möglicherweise wirst du feststellen, dass bereits die Lektüre dieser Hinweise einen Schreibfluss bei dir in Gang setzt und du sofort über sie hinauswächst. Lass dich auf den Prozess ein, vertraue darauf, dass Raziel dir die Hand führt, und verzichte darauf, das, was eintrifft, mit dem Verstand zu beurteilen.

Engelkristall: Herkimer Diamant

Der Herkimer Diamant ist einer der wenigen Kristalle, den du als Speicher für Informationen nutzen kannst, die du erst später wieder abrufen willst. Er funktioniert wie ein lebendiges Notizbuch. Das macht ihn zu einem Stein der Weisheit und Wissensbewahrung. Halte einen Herkimer Diamant in der Hand, und er könnte dich etwas Neues lehren, selbst dann, wenn er nicht zuvor aufgeladen wurde. Damit ist er ideal dafür geeignet, um die Energie von Erzengel Raziel und der 777 aufzunehmen und zu bewahren. Um den Stein mit Raziels Energie und der Frequenz der 777 zu codieren, musst du ihn zunächst reinigen. Dies kann geschehen, indem du ihn dem Rauch von verbrennendem Salbei, Palo santo (*Bursera graveolens*) oder Zypresse aussetzt. Oder du legst ihn neben eine Salzlampe oder auf einen Salzstein. Dieses Verfahren ist notwendig, damit dein Kristallnotizbuch leer ist und es deine Programmierung aufnehmen kann. Außerdem musst du wissen, wann der nächste Sichelmond zu erwarten ist, damit du die Macht dieser Mondphase für dich nutzen kannst. Der zunehmende Sichelmond bezeichnet den Zeitpunkt, an dem Dinge aus dem Dunkel ans Licht gehoben werden, so wie Raziel Unbekanntes aus dem Verborgenen holt.

Sobald dein Kristall vorbereitet ist, kannst du dir deine übrigen magischen Werkzeuge zurechtlegen. Du benötigst ein Blatt Papier, einen Stift, etwas Klebestreifen oder einen Gummiring, eine Prise Salz als Schutz (jedes beliebige Salz erfüllt diesen Zweck), eine Handvoll Erde für die Erdung, ein bisschen Zucker, um den Zauber zu versüßen, sowie eine weiße (die für alle Farben steht) oder eine goldfarbene Kerze (die eine Verbindung zum Göttlichen herstellt). Auch ein Teelicht kann diese Aufgabe erfüllen, falls du gerade nichts anderes zur Hand hast. Vermische Salz, Zucker und Erde miteinander – die Mischung dient der Erdung und dem Schutz der Energie, während sie zugleich ein Element des Spiels und der Freude beisteuert. Gib das Gemisch in ein kleines Gefäß, und stell es zunächst beiseite. Danach schreibst du auf dein Blatt Papier die Zahlenfolge 777 so groß wie möglich auf. Dann legst du deinen Herkimer Diamant mitten auf das Blatt und bestreust es mit deiner Mischung aus Salz, Zucker und Erde. Wickle deinen Stein in das Papier ein, und fixiere es mit dem Klebestreifen oder dem Gummiband. Lege das entstandene Päckchen auf deinen Altar. Es kann ein Altar sein, den du eigens für Raziel vorbereitet hast, oder einer, den du allgemein für deine Zauberarbeit nutzt.

Vergewissere dich, dass es die erste Nacht des zunehmenden Sichelmonds ist, und entzünde deine Kerze.

Sprich die folgende Beschwörungsformel:

> *Ich beschwöre die Macht der 777, damit sie meinen Kristall aktiviert.*
> *Verleih ihm die Macht, mir zu zeigen, was verborgen wurde, wenn der richtige Zeitpunkt dafür gekommen ist.*
> *Ich rufe Erzengel Raziel auf, diesen Kristall mit seiner Macht zu erfüllen, damit er mich zu all dem führt, was ich wissen muss, wenn der richtige Zeitpunkt dafür gekommen ist.*
> *Ich beschwöre die Energie des zunehmenden Sichelmondes, damit sie mich aus der Dunkelheit des Nichtwissens in das Licht der Weisheit und Erkenntnis führt.*
> *Mit der Kombination dieser drei Energien aktiviere ich heute meinen Kristall.*
> *So wie es gesagt ist, ist es jetzt geschehen.*

Lass deinen Herkimer Diamanten auf deinem Altar liegen bis zum ersten Tag des nachfolgenden Vollmonds. Wickle ihn dann aus. Gib deine Mischung aus Salz, Zucker und Erde zurück an die Erde, und platziere deinen Kristall bei deinem Bett oder an deinem Arbeitsplatz. Verwende ihn in der Meditation, wenn du nach Antworten auf deine Fragen suchst, oder leg ihn unter dein Kopfkissen, damit du Träume empfängst, die dich mit Information und Inspiration bereichern.

Zusatzzahlen für die Arbeit mit Erzengel Raziels Energie

770: Es ist an der Zeit, sich auf etwas einzulassen, was du niemals zuvor getan hast. Neues bietet eine wunderbare Gelegenheit, um zu lernen, zu wachsen und um sich zu entfalten. Im Augenblick sind deine Möglichkeiten grenzenlos.

771: Heute ist der Tag, an dem du etwas Neues über dich erfahren kannst. Nutze diese Chance, und gewähre dir den Freiraum, um dich selbst tiefer als zuvor kennenzulernen.

772: Entdecke heute etwas Neues an deinem Partner. Bitte ihn darum, dir etwas von sich zu erzählen, was du noch nicht weißt.

773: Freunde können uns vieles beibringen. Halte heute Ausschau nach einer freundlichen Lektion darüber, wie du dich an der Welt um dich herum noch besser erfreuen kannst.

774: Strukturen müssen nicht immer langweilig sein; ja, es kommt oft vor, dass auch die banalsten Alltagsaufgaben Gelegenheiten zur Entfaltung beinhalten.

775: Veränderungen bieten dir die besten Möglichkeiten, um neue Fertigkeiten zu entwickeln, neue Lektionen zu lernen und dein Wissen zu vergrößern. Jetzt kannst du dir die Wandlungen in deinem Leben zunutze machen und herausfinden, welche Erkenntnisse sie für dich im Gepäck haben.

776: Selbstfürsorge ist eine lebenslange Aufgabe mit vielen unerwarteten Drehungen und Windungen, die es uns gestattet, fortlaufend Neues über uns selbst, unsere Bedürfnisse und Sehnsüchte herauszufinden. Nutze heute deine Selbstfürsorgezeit, um etwas über deine möglichen neuen Wünsche zu erfahren.

778: Die physische Welt ist unser Klassenzimmer. Wenn du eine Lösung für ein Problem suchst, dann schau um dich, denn sie befindet sich mit großer Wahrscheinlichkeit direkt vor deiner Nase.

779: Jedes Ende beinhaltet die Gelegenheit zu Wachstum und Entfaltung; Endpunkte lehren uns loszulassen, dankbar zu sein und das zurückzulassen, was uns nicht mehr weiterbringt. Heute bietet dir ein Ende die Möglichkeit, dich zu befreien und Dankbarkeit zu entwickeln für die Abschlüsse, die bei dir gegenwärtig anstehen.

9. KAPITEL

888 – Erzengel Raguel: *Du befindest dich im Fluss göttlicher Fülle*

»Verharre im göttlichen Fluss und erkenne, dass du der Ausgangspunkt für das in der physischen Welt gültige Gesetz der Fülle bist.«

Die tiefere Bedeutung der 888

Die Engelzahl 888 soll dich daran erinnern, dass du grundsätzlich mit dem göttlichen Fluss in Verbindung stehst. Es fühlt sich für dich möglicherweise nicht immer so an, aber das liegt lediglich daran, dass du nicht auf das fokussiert bist, was sich nach deinen Wünschen entwickelt, sondern nur auf das, was deinen Vorstellungen entgegenläuft. Erzengel Raguel und die 888 wollen dich zurückführen in den Fluss. Sie möchten, dass du deine Perspektive wechselst und mit ihnen in den Flusswirbel eintrittst. Denn sobald du auf ihn ausgerichtet bist, ist immer genug von allem da, und du kannst gar nicht anders, als noch mehr Bereiche deines Lebens zu entdecken, in denen Fülle herrscht. Genau so funktioniert das Gesetz der Fülle. Erst machst du es dir bewusst, dann steuerst du deinen Teil bei, und noch ehe du dichs versiehst, hast du einen gewaltigen Magneten geschaffen, der immer noch mehr Gutes anzieht.

Wenn sich die 888 in deinem Leben zeigt, dann ist es an der Zeit, sich dem göttlichen Fluss zu überlassen, Raguel deine Erwartungen und Ausreden zu überantworten und es ihm zu gestatten, dass er dich im göttlichen Fluss der Fülle stabilisiert. Erlaube es der 888, dich flussabwärts zu all dem zu transportieren, was dort schon immer auf dich gewartet hat. Der göttliche Fluss – oder auch *Flow* – ist der wunderbare Zustand, in dem alles mühelos wie von selbst an seinen ihm bestimmten Platz fällt. Menschen, Orte und Situationen reihen sich für dich mit Leichtigkeit und Anmut auf. Fast ist es so, als befändest du dich mitten in einem sich entfaltenden Wunder. Die Engelzahl 888 ist die Frequenz dieser Energie. Sie ist das Passwort zu deiner persönlichen göttlichen Fülle. Um dir jedoch diese Frequenz wirklich zu erschließen und sie in deine eigene Schwingung einzubauen, musst du sie dir erst bewusst machen. Erzengel Raguel weiß genau, wie leicht es geschehen kann, dass wir uns völlig grundlos unseren Fluss von der Außenwelt vorschreiben und uns von ihm einengen lassen. Kein Wunder also, dass sich manche Menschen ständig ausgeschlossen, übersehen und stehen gelassen fühlen. Die Engelzahl 888 teilt uns mit, dass es gar nicht zwangsläufig so sein muss und dass du jederzeit in deinem Umfeld Beweise für die Berechtigung deiner Standpunkte finden kannst.

An dieser Stelle setzt die innere Magie der 888 ein. In dem Augenblick, in dem du dich entscheidest, der göttlichen Fülle in dir die Tür zu öffnen, gestattest du es der Außenwelt, alles in Position zu bringen, was dir weiterhilft. Wenn du also das nächste Mal einer 888 begegnest, verbinde dich mit deinem inneren Selbst und lass dir von ihm zeigen, wo und wie du dich im göttlichen Fluss der Fülle befindest. Stell dir vor, wie dich das Göttliche küsst, und gestatte es dann Erzengel Raguel, dir die Fülle herbeizuschaffen, die dir von Rechts wegen zusteht. Halte jetzt bewusst Ausschau nach Dingen, die mühelos in dein Leben Eingang finden. Öffne dich, um mit Anmut zu empfangen, und beobachte, wie Liebe, die aus dir entspringt, hin zu den Menschen um dich herum fließt. Auf diese Weise verbreitet sich der Fluss des göttlichen Gesetzes: von Gott zu dir und von dort zu allen, die zu deiner Welt gehören. Die Engelzahl 888 fordert dich auf, dich auszurichten, zu öffnen, zu empfangen, zu teilen und dann den Prozess zu wiederholen.

Erzengel Raguel

Weil ich an Transparenz glaube, muss ich zugeben, dass Raguel recht neu in meinem Engelkosmos ist und dass wir noch nicht lange zusammenarbeiten. Er ist einer von vielen Engeln, die gerade erst innerhalb der letzten zwei Jahre Einzug in mein Leben gehalten haben. In dieser Hinsicht hat er für mich eine ausgleichende Funktion. Damit will ich sagen, dass er jedes Mal dann in Erscheinung tritt, wenn du mit dir selbst ins Gleichgewicht kommen musst und bereit bist, in ein neues Aurafeld zu gelangen. Dieser Umstand verstärkt deine Verbindung zur 888, weil Achten wirklich immer etwas mit dem Navigieren in der materiellen Welt zu tun haben. Meiner Meinung nach stellt die 888 die dritte Ebene des Umgangs mit dem Materiellen dar. Auf dieser Ebene bist du über deine grundlegenden irdischen Bedürfnisse hinausgewachsen, hast möglicherweise sogar die Wünsche und Begierden deines Egos überwunden und bemühst dich nun darum, seine spirituellen Bedürfnisse mit deinen physischen Erfahrungen in Einklang zu bringen.

Es ist vollkommen naheliegend, dass Raguel zusammen mit einer Handvoll anderer Engel in dem Augenblick in mein Leben trat, als ich mich gerade entschlossen hatte, mich von meiner damaligen Lebenserfahrung zu verabschieden. Meine Ehefrau und ich waren übereingekommen, dass es nichts für uns war, nur dazusitzen und lediglich noch mehr materiellen Besitz anzuhäufen. Also verschenkten wir alles, was wir entbehrlich fanden, und behielten ausschließlich das, was in zwei Koffer passt. Damit waren wir gezwungen, uns dem göttlichen Fluss zu überlassen und das Vertrauen darauf aufzubringen, dass wir jederzeit Zugang zur Fülle haben und dass uns die Engel nicht im Stich lassen würden. Wir sprangen ohne Sicherheitsnetz über den Rand des Bekannten mitten hinein ins Unbekannte. Dort wurden wir von Erzengel Raguel mit offenen Armen erwartet. Kein Wunder, dass uns in den ersten Wochen dieses neuen Lebens die 888 überall begegnete, und damit meine ich wirklich überall: in den Zimmernummern unseres Hotels, auf den Nummernschildern der Autos, auf unseren Kontoauszügen und auf Werbeplakaten. Es gab kein Entkommen. Tatsächlich verhält es sich so, dass immer dann, wenn ich auch nur ein klein wenig unsicher bin, die 888 in mein Blickfeld rückt. Dann spüre ich Raguel in meiner Nähe, und er erinnert mich daran offen zu bleiben, nach dem Fluss, nach Übereinstimmungen und nach den Beweisen dafür zu suchen, dass alles gut und so ist, wie es sein soll.

Zweifellos erhält dein Selbstvertrauen ein Upgrade, wenn Erzengel Raguel in dein Leben tritt, denn im Frequenzbereich der 888 geht es nicht ohne. Vertrauen darauf, dass du wissen wirst, wann und wo du dich auf den Fluss der Fülle einstimmen musst. Außerdem solltest du dir sicher sein, dass du nicht lange nach Beweisen dafür wirst suchen müssen, dass du dich in Harmonie mit dem Gesetz der Fülle befindest. Und du brauchst die innere Gewissheit, dass du es Erzengel Raziel gestatten wirst, für dich jedes Mal und ohne Ausnahme das, was du brauchst, wenn du es benötigst, herbeizuschaffen. Hier ist also ein sehr großer Vertrauensvorschuss verlangt. Diese Zusammenhänge könnten erklären, warum sich Raguel nur unter ganz bestimmten Umständen in deinem Leben zeigt. Es ist notwendig, dass du auf seine Energie gut vorbereitet und bereit bist, dich auf die Frequenzwelle der Engelzahl 888 hinaufzuschwingen und dich ihr anzuvertrauen. Am wichtigsten ist jedoch deine eindeutige Bereitwilligkeit, loszulassen und zu vertrauen.

Erzengel Raguels Visualisierung/Meditation

Ein Neustart für alles, was du über Fülle zu wissen meinst
In dieser geführten Meditation wirst du eine Verbindung herstellen mit Erzengel Raguel und der Schwingungsenergie der 888. Diese Meditation hilft dir, mehr Fülle in dein Leben zu lenken. Denk daran, man kann diese Meditation weder richtig noch falsch machen. Manche werden in ihrem Verlauf Körperempfindungen haben – Hitze, Kälte oder vielleicht etwas wie eine Berührung im Gesicht oder am Kopf. Andere sehen möglicherweise Farben oder empfinden eine allgemeine Intensivierung ihrer Sinneswahrnehmungen. Wieder andere bemerken beim ersten oder sogar beim zweiten und dritten Mal zunächst gar nichts. Das ist nicht schlimm und weit verbreitet. Doch sei dir bewusst, dass Raguel an deiner Seite sein wird, egal was passiert oder nicht passiert, dich beschützt und für dich den Raum schaffen wird, den du brauchst, damit du das, was für dich sichtbar wird, erforschen kannst. Sorge dafür, dass du diese Meditation an einem ruhigen Ort machen kannst, an dem dich niemand stört. Wenn es dir richtig erscheint, kannst du eine weiße Kerze anzünden, da sie alle Farben repräsentiert, und sie während der gesamten Meditation brennen lassen. Aber vergiss nicht, sie am Ende zu löschen. Du könntest die Anweisungen zu dieser Meditation aufnehmen und dann abspielen, damit du nur zuzuhören brauchst und die Augen schließen kannst. Oder aber du behältst deine Augen offen und liest dir selbst die Anleitung während der Meditation vor.

Verhalte dich so, wie es sich am besten für dich anfühlt.

Lass uns anfangen.

Bevor wir beginnen, möchte ich, dass du drei Hauptgefühle auswählst, die in deinem Leben für dich unbegrenzt verfügbar sein sollen. Diese drei Kernemotionen werden einen Energiewirbel in deinem Innenleben wie in deinem Umfeld erzeugen. Wähle also sorgfältig aus, welche Gefühle du entfalten möchtest. Vielleicht schweben dir unbegrenzte Liebe, Freundlichkeit oder Frieden vor. Es sind deine Gefühle, und du darfst selbst wählen, welche du einsetzen willst. Sobald du entschieden hast, welche drei Kernemotionen du in diese Meditation einbeziehen möchtest, rate ich dir, sie auf einem Blatt Papier aufzuschreiben, damit du sie sichtbar vor dir hast und Irrtümer ausgeschlossen sind.

Jetzt wollen wir Erzengel Raguel rufen und ihn bitten, dir heute zur Seite zu stehen und dein Herz-, Drittes-Auge- und Sakral-Chakra zu öffnen, da du diese drei Energiezentren benötigst, um die Vision von der grenzenlosen, ausgedehnten Energie aufrechtzuerhalten, die du jetzt in dein Leben holen wirst. Konzentriere dich auf deinen Atem. Atme so tief und langsam wie möglich durch die Nase ein und durch den Mund aus, und vertraue darauf, dass Erzengel Raguel mit der zunehmenden Entspannung deines Körpers, der wachsenden Beruhigung deines Geistes und der Konzentration auf deinen Atem langsam deine drei Chakren öffnen und mit engelhafter Energie aufladen wird. Während er seine Energiearbeit an dir leistet, richtest du den Fokus deines Geistes auf das Sakral-Chakra, das sich in deinem Beckenbereich befindet und dein schöpferisches Zentrum darstellt. Verbinde mit diesem Energiezentrum das Gefühl, das du ausgewählt hast und in größtmöglicher Fülle erleben möchtest. Sieh zu, wie das Wort von Erzengel Raguels Licht übergossen wird und sich in dein Chakra bewegt. Hole tief Luft, und schicke dann auch deine zweite Kernemotion in dieses Chakra. Als Nächstes verfährst du mit dem dritten der von dir ausgewählten Gefühle auf die gleiche Weise, und damit hast du alle drei Kernemotionen liebevoll in deinem Sakral-Chakra codiert.

Während du weiter atmest, siehst du, dass Erzengel Raguel jedem deiner Hauptgefühle – die Energien, die du vermehren willst und die dein Leben um größere Fülle bereichern sollen – eine bestimmte Färbung verleiht. Diese Farbe ist ein wunderschönes Licht, das im Inneren des Sakral-Chakras herumwirbelt. Während du weiter ein- und ausatmest, beobachtest du, wie Erzengel Raguel das Lichtgemisch aus deinem Sakral-Chakra nimmt und in dein Herz-Chakra einleitet. Nun existiert ein Energiefluss von deinem Sakral- in dein Herz-Chakra, und diese drei Kernemotionen vertiefen ihre Verbindung sowohl mit deinem physischen wie auch mit deinem Energiekörper. Setze dein konzentriertes Atmen fort, und fokussiere dich darauf, dass dieses Licht weiter in deinem Köper nach oben steigt. Hole ein weiteres Mal langsam und tief Luft. Unterdessen dehnt Raguel die drei farbigen Lichtbänder deiner drei Kerngefühle bis zu deinem dritten Auge hinauf aus und lenkt sie hinein in das Chakra, das sich in der Mitte deiner Stirn befindet. Er wird auch dieses Energiezentrum, das mit Vision und Sehkraft verbunden ist, in dieser farbigen Energie baden. Jetzt erkennst du, wie das Leben sein wird mit einem Überfluss dieser drei Energien, die deinen Körper pulsierend erfüllen und in die Welt hinausstrahlen.

Stell dir vor, wie sich dein Alltag gestalten wird, wenn er mit einer Fülle dieser drei Kernemotionen gesegnet ist. Beobachte, wie du mühelos von einem Hauptgefühl zum nächsten wechselst, deine Alltagstätigkeiten darin einhüllst, wie du die Menschen, die dir begegnen, mit dieser Energie erfüllst und so tatsächlich Einfluss auf deine Umwelt nimmst. Erhalte die Vision vor deinem inneren Auge aufrecht und erlebe, wie die farbigen Lichtbänder über dich hinauswachsen und sich mit allen Menschen verbinden, mit denen du in Kontakt trittst. Sieh, wie sie sich weiter ausdehnen, hinein in deine Nachbarschaft, in dein Land, in deinen Staat und über das ganze Erdenrund. Fahre darin fort, das Licht in die Welt hinauszusenden, und weise die Energie an, sich zu verstärken, zu vergrößern und so üppig vorhanden zu sein, wie du und alle mit dir es sich wünschen. Erhalte diese Bilder noch ein paar Minuten länger aufrecht, damit sie sich verankern, einprägen und encodieren können, und atme dabei langsam und tief durch die Nase ein und durch den Mund aus. Sobald du merkst, dass die Energie zu verblassen beginnt, hole noch einmal tief Luft und lass die Vision dann los, damit Erzengel Raguel seine Energiearbeit zu Ende führen und dich und jede Zelle deines Körpers ganz und gar mit Licht erfüllen kann.

Wenn sich die Vision vollständig aufgelöst hat, dann bedanke dich bei Erzengel Raguel dafür, dass er heute bei dir war und dir bei deiner Arbeit geholfen hat. Kehre zurück zu deiner Atemarbeit, indem du weiterhin durch die Nase ein- und durch den Mund ausatmest, und führe dich langsam zurück in dein Zentrum. Gelange zurück in den Augenblick.

Bewege die Zehen und die Finger, lockere deinen Nacken und deine Schultern, während du dein Bewusstsein zurückbringst in deinen Körper und in den Raum, in dem du sitzt. Sobald du bereit bist, öffnest du die Augen und setzt deinen normalen Tagesablauf fort. Falls du diese Meditation in der Nacht gemacht hast, trink ein paar Schluck Wasser, um mögliche Gifte aus deinen Nieren zu spülen, und überlasse dich deinem entspannten Schlaf.

Einen Altar für die 888 und Erzengel Raguel einrichten

Dieser Altar ist dem Gesetz der Anziehung gewidmet. Du kannst ihn irgendwo in deinem Heim einrichten und aufrechterhalten und musst ihn einfach nur umwidmen für die Dinge, die du gerade anziehen möchtest. Mit diesem Altar kannst du viel Spaß haben. Du möchtest, dass Erzengel Raguel dir dabei hilft, für dich ein neues Auto zu manifestieren? Beschaffe dir ein Modell oder ein Bild des Typs, den du dir wünschst, und platziere es auf deinem Altar. Du möchtest mehr Geld manifestieren? Kaufe figürliche Darstellungen von Gold und Geld oder schneide aus Zeitschriften entsprechende Abbildungen aus. Du möchtest deinen Traum von einem Urlaub verwirklichen? Nun, ich glaube, du hast schon verstanden, wie du dafür vorgehen musst. Nur zu, besorge dir die benötigten Verkörperungen deiner angestrebten Manifestationen und habe Spaß dabei, deinen Altar einzurichten. Darüber hinaus benötigst du für deine Weihestätte ein Bild von Raguel oder eine entsprechende Orakelkarte, eine grüne oder goldfarbene Kerze (da diese Farben mit Fülle assoziiert sind), die auf einem gelben oder goldfarbenen Blatt Papier aufgeschriebene Zahlenfolge 888, eine Prise Salz als Schutz, eine Handvoll Erde zur Erdung der Energie, ein paar Federn stellvertretend für die Engel und alles sonst, von dem du meinst, dass es gleichfalls auf deinen Altar gehört. Dann wirst du dich hinsetzen wollen, um ein Gebet oder eine Intentionsaussage zu formulieren, die sich an Raguel und die 888 richtet.

Von dem nachfolgenden Wortlaut kannst du dich inspirieren lassen: »Raguel, bitte halte mich im Fluss meiner göttlichen Fülle. Zeige mir, wie ich dafür sorgen kann, dass meine Gedanken auf meine Vision ausgerichtet bleiben. Hilf mir, meine Emotionen auf ein positives Ergebnis zu lenken, und unterstütze mich dabei, mehr Frieden und Gnade in meinen Alltag zu holen.«

Sobald dein Altar eingerichtet ist, solltest du ihn mit einem Salbeispray oder mit einer Salbei- oder Palo-Alto-Räucherung von alten mentalen und energetischen Strukturen reinigen und so für deine Gebetsarbeit vorbereiten. Dann machst du ein paar tiefe Atemzüge, zündest die Kerze an und trägst laut deine Intentionsaussage vor, die du mit folgenden Worten beginnst: »Ich rufe Erzengel Raguel und die Macht der 888, damit sie meine Intention hören und mir helfen, sie auf die üppigste Weise zu manifestieren. Möge meine Intention zu meinem Besten und zum Besten all der Menschen sein, die an ihrer Verwirklichung beteiligt sind.« Fahre dann fort, indem du deine Intentionsaussage beziehungsweise dein Gebet vorträgst: »Meine Intention ist … Ich bete darum …«

Zur Beendigung des Rituals kannst du entweder die Kerze löschen oder sie weiter brennen lassen, sofern dies gefahrlos möglich ist. Falls du sie ausbläst, sprich zunächst folgende Worte: »Indem ich diese Kerze lösche, vertraue ich darauf, dass der Rauch meine Intention hinauf in den Himmel trägt, damit sie dort durch das Universum manifestiert wird. Ich bin bereit zu empfangen, worum ich bete, und so sei es.« Jetzt kannst du deine Kerze löschen.

Danach ist es deine Aufgabe, offen und empfänglich zu bleiben und darauf zu vertrauen, dass deine erbetene Manifestation auf dem Weg zu dir ist und sich in göttlicher Zeit auf die göttlichste Weise verwirklichen wird.

Hinweise für automatisches Schreiben

Sobald du deine Gebetsarbeit geleistet hast oder vielleicht auch bereits nach der Visualisierung, wirst du feststellen, dass sich dein Zugang zu Raguel öffnet und seine Mitteilungen und Informationen langsam oder schneller bei dir einzutreffen beginnen. Das kann in Form von einzelnen Worten, ganzen Sätzen oder einer Art inneren Wissens geschehen. Wenn es dir richtig erscheint, diese Verbindung zu nutzen, solange sie offen und im Fluss ist, dann nimm dir dein Tagebuch vor und schlage Kapital aus diesem Kommunikationsweg. Du könntest der Seite die Überschrift »Gespräche mit Raguel und der 888-Schwingungsenergie« geben. Wenn du mit Tagebuchschreiben vertraut bist, dann steht es dir frei, ohne weitere Vorbereitungen loszulegen, denn du wirst wissen, wie du die zarten Anstöße, die durch die Informationen von Erzengel Raguel und der 888 zu dir fließen, auffassen kannst. Falls Tagebuchschreiben neu für dich ist, kannst du die nachfolgenden Hinweise nutzen, um in Gang zu kommen:

1. Raguel, wie kann ich feststellen, ob du in der Nähe bist?
2. In welchen Bereichen meines Lebens lasse ich den göttlichen Fluss nicht ausreichend zu?
3. Warum musste ich in meinem bisherigen Leben mit dem Gesetz der Fülle und seinen Segnungen ringen, obwohl sie meinen Alltag verbessert hätten?
4. Auf welche Weise gelingt es mir, Fülle in meinem Leben besser wahrzunehmen?
5. Wie kann es mir heute helfen, wenn ich mich auf die Energie der 888 ausrichte?

Möglicherweise wirst du feststellen, dass bereits die Lektüre dieser Hinweise bei dir einen Schreibfluss auslöst und dass du sofort über sie hinauswächst. Lass dich auf den Prozess ein, vertraue darauf, dass Raguel dir die Hand führt, und verzichte darauf, das, was eintrifft, mit dem Verstand zu beurteilen.

Engelkristall: Karneol

Karneol kannst du nutzen, um dich zu motivieren, deine eigene Kreativität in Gang zu setzen und dein Selbstvertrauen wie auch dein Selbstwertgefühl zu stärken. Deshalb ist dieser

Kristall hervorragend dafür geeignet, falls du deine Wünsche von der Imaginationsebene in die physische Welt transportieren möchtest. Karneol versetzt uns in einen vertrauensvollen, zulassenden Zustand und öffnet uns für Akzeptanz. In der »Bitte und es wird dir gegeben«-Gleichung ist er für das »Zulassen« und »Empfangen« zuständig. Deshalb taugt Karneol sehr gut, um mit der Energie der 888 und von Erzengel Raguel codiert zu werden, und gibt einen wirkungsvollen Manifestationskristall ab.

Für deine Arbeit benötigst du die folgenden magischen Werkzeuge: einen etwa eigroßen Karneol, den du mit einer Hand gut umschließen kannst, ein ausreichend großes Blatt Papier, um deinen Stein darin einzuwickeln, einen Stift, eine Handvoll Erde, eine Prise Salz und etwas Band. Sobald du alles zusammengetragen hast, schreibst du die 888 so oft auf dein Blatt Papier, wie sie darauf passt. Dann streust du etwas Erde und Salz auf das Papier – eine kleine Menge ist vollkommen ausreichend. Danach legst du den Kristall mitten auf das beschriebene Blatt, wickelst ihn vorsichtig ein und bindest alles mit dem Band zusammen.

Ergreife das kleine Päckchen mit der rechten Hand, und halte es über dein Herz, während du die Linke auf dein Sakral-Chakra legst. Mach langsame, tiefe Atemzüge und komm zur Ruhe. Lass die Schultern sinken, und entspanne deinen Nacken mit jedem zusätzlichen Atemzug ein wenig mehr. Spüre, wie du dich mit der Energie deines Sakral- und deines Herz-Chakras sowie mit der des Kristalls verbindest. Spüre bei jedem Luftholen, wie die Energien des Kristalls und der 888 dein Herz erfüllen. Beim Ausatmen machst du dir bewusst, wie sich die kreative Energie aus deinem Sakral-Chakra heraus entfaltet. Halte an dieser Energie mittels deines Atems so lange wie möglich fest und erhöhe dabei langsam dein Bewusstsein von der Gegenwart Erzengel Raguels bei dir im Raum. Setze dein Atmen fort. Atme die Energie des Kristalls ein, und verbinde sie mit dem Rhythmus deines Herzens. Lass dich sogar noch tiefer auf die Energie Raguels ein, und atme die sich ausdehnende Energie aus dem Sakral-Chakra wieder aus. Wenn du glaubst, fertig zu sein, oder wenn du spürst, dass der Energiefluss abnimmt und aufhört, dann beende deine Atemarbeit und entferne deine Hände von deinem Körper. Du kannst dein Karneolpäckchen auf deinen Raguel-Altar legen, damit sich die Energie darin in den nachfolgenden 24 Stunden noch vertieft, oder öffne das Päckchen, verteile Erde und Salz im Garten unter einem Baum und gib das Papier und Band ins Altpapier, wenn du meinst, dass dein Kristall bereits ausreichend aufgeladen ist. Nun kannst du den Karneol in der Tasche bei dir tragen oder ihn auf deinen Schreibtisch neben dir platzieren. Ich habe meinen Karneol gerne an meinem Arbeitsplatz, weil ich spüre, dass er den Raum mit kreativer Energie auflädt und den Fluss aufrechterhält. Aber halte es so, wie es sich für dich richtig anfühlt.

Zusatzzahlen für die Arbeit mit Erzengel Raguels Energie

880: Setze dein Vertrauen in das Unbekannte, denn die Frequenz der Fülle ist darauf angewiesen, um Wunder zu bewirken.

881: Jetzt ist der beste Zeitpunkt, an deiner Vision festzuhalten, und den Weg ohne zögerliches Zurückblicken fortzusetzen. Anführer stürmen voran, ohne Rücksicht darauf, ob ihnen ihre Anhänger folgen oder nicht.

882: Die Innenwelt erschafft die Außenwelt. Wenn du dir mehr göttlichen Fluss in deinem Umfeld wünschst, dann musst du zunächst eine Verbindung mit dem göttlichen Fluss in dir selbst herstellen.

883: Fülle ist Mannschaftssport. Du kannst dich dem Fluss dieser Frequenz nicht ergeben, ohne dich mit anderen im Schaffensprozess zusammenzuschließen. Nimm dir heute einen Augenblick Zeit, um all jenen Dank zu sagen, die in deinem erfüllten Leben eine Rolle spielen.

884: Die physische Welt funktioniert besser, wenn sie in ihrem Fluss nicht behindert wird. Forsche nach Bereichen in deinem Leben, in denen du den Fluss eingeschränkt hast, und sorge dafür, dass das Göttliche in jede Ecke deines Erlebens gelangt.

885: Bedanke dich bei Erzengel Raguel für Veränderung. Ohne sie könnte das Leben nicht glücklicher, gesünder oder köstlicher werden.

886: Fülle muss gefördert werden, so wie jede andere Energie. Wie du sie nährst, mit ihr sprichst und dich auf sie einlässt, wirkt sich darauf aus, wie sie sich in deinem Leben zeigt.

887: Zu wissen, woher die Fülle kommt und wohin sie in deinem Leben geht, macht dich darauf aufmerksam, wie du deinem eigenen Fluss Priorität einräumst. Wissen ist eine mächtige Währung; nutze sie.

889: Fülle verhält sich zyklisch; sie wächst an und ebbt ab je nach den Bedürfnissen und Wünschen, die deine Schwingungsfrequenz vermittelt. Du bittest um etwas, es wird dir geschickt, du vertraust und lässt los, dann empfängst du. Stell fest, an welcher Stelle des Zyklus du dich heute befindest.

10. KAPITEL

999 – Erzengel Raphiel: *Du bist umgeben von Heilenergie*

»Gegenwärtig befindest du dich im Frequenzbereich der Heilenergie. Entspanne dich, atme und lass dich von Heilung überschwemmen.«

Die tiefere Bedeutung der 999

Ich arbeite jetzt seit mehr als zehn Jahren als Energieheiler und Coach, und es überrascht mich immer noch, wie wenig sachkundig die Menschen im Hinblick auf Heilung sind. Natürlich kennen wir uns mit der Heilung des Körpers aus, mit der Überwindung einer Krankheit oder der Erholung von einer Verletzung. Doch Heilarbeit ist viel komplizierter. Heilung kann erfolgen bei Trauma, Sucht, Trauer, Schmerz, Missbrauch, Einsamkeit, Verlassenheit, Traurigkeit, Depression und so vielem mehr. Die Liste dessen, was man heilen kann, ist endlos lang, und man bräuchte Tage, um sie zu erstellen. Deshalb solltest du, wenn dir die 999 begegnet, gar nicht erst versuchen herauszufinden, was bei dir geheilt werden muss, denn die Wahrscheinlichkeit ist groß, dass du mit deiner Vermutung falschliegst. Nur sehr selten haben wir eine richtige Vorstellung davon, welcher Heilarbeit wir bedürfen, denn wir konzentrieren uns auf das, was uns Schmerz verursacht. Aber Schmerz ist eben nicht die Ursache, sondern lediglich ein Symptom. Doch Erzengel Raphiel weiß, wo Heilung nötig ist, und dorthin wird er sie lenken.

Du brauchst es nicht zu wissen, zu hinterfragen oder zu verstehen; von dir wird lediglich verlangt, dass du für die Energie offen bist, sie zulässt und annimmst. Die Engelzahl 999 könnte heute in einem Teil deines Lebens Heilung anbieten und morgen an einem anderen Aspekt deiner selbst arbeiten. In dieser Hinsicht erinnern uns die 999 und Erzengel Raphiel daran, dass wir uns fortwährend im Fluss der Heilenergie befinden. Es gibt keinen Zeitpunkt, zu dem sie nicht in uns, durch uns oder um uns fließt. Einmal arbeitet sie an deinem Geist, das nächste Mal an deinen Emotionen und dann wieder an deinem Körper. Oder sie könnte auf deine Aura, deine Chakren oder einen anderen Teil deiner physischen Erscheinung wirken. Heilung findet überall und jederzeit statt. Wenn du also das nächste Mal eine 999 siehst, dann sag einfach: »Ich bin offen und bereit, mich auf die Frequenz der Heilung einzustimmen.« Oder: »Raphiel, ich bin bereit und eingestimmt auf deine Heilenergie; heile mich so, wie du es für richtig hältst.« Beide Aussagen öffnen dich und lösen deinen Widerstand gegen den Fluss der Heilenergie auf. Die Engelzahl 999 sagt: »Gib deinen Widerstand auf, und die Heilung kann beginnen.«

Nimm dir die Freiheit, nicht alles genau zu durchschauen, und lass dir von der 999 und Erzengel Raphiel helfen. Loszulassen, die Kontrolle abzugeben und sich einer höheren Macht anzuvertrauen, kann sehr befreiend sein. Die Engelzahl 999 erinnert dich daran, dass du nicht alles genau durchschauen musst und dass es manchmal tatsächlich klüger ist, sich einer Macht zu überantworten, die sich besser auskennt als dein Ego. Das Ego ist das größte Hindernis für Gesundheit und Wohlergehen. Halte also ein wenig Abstand vom Einfluss deines Egos, und überantworte dich stattdessen den Frequenzen der 999 und von Erzengel Raphiel. So funktioniert Heilung an Körper, Geist, Seele und Schwingung am besten.

Erzengel Raphiel

Raphiel gehört ebenfalls zu den Engeln, die kein eindeutiges Geschlecht zu haben scheinen, deshalb spreche ich von Raphiel als »sie« oder »diese«. Gelegentlich erscheinen sie in männlicher Form, manchmal in weiblicher und dann wieder ohne Geschlechtszugehörigkeit. Offenbar gefällt es diesem Erzengel nicht, wenn wir ihn in starre menschliche Strukturen einpassen. Das könnte auch der Grund dafür sein, dass ihre Namen in unterschiedlichen Schreibweisen kursieren. Beim Verfassen dieses Buches fiel mir auf, dass ich immer wieder zwischen verschiedenen Varianten hin- und herwechselte. Diejenige, zu der ich mich schließlich entschloss, erschien mir die nonbinäre Version dieses Erzengels zu benennen. Doch falls sich Erzengel Raphiel dir in einer geschlechtsspezifischen Form präsentiert, dann solltest du ihre Wahl unbedingt respektieren. Raphiel geht es mehr als alles andere darum, Heilung und Heilenergie zu verbreiten. Gesundheit, Wohlergehen, Wohlstand und Glück sind diesem Erzengel wichtiger als irgendeine Geschlechtszugehörigkeit.

Erzengel Raphiel ist es lieber, wenn du dich auf die Aspekte deines Lebens konzentrierst, die geheilt werden müssen, und es ihnen gestattest, im Hintergrund zu bleiben, damit dich die Energie, die du brauchst, umfassend erreicht. In dieser Auffassung zeigt sich echte Dienstbereitschaft, und ich glaube, wir alle können etwas davon lernen, wie Erzengel Raphiel Dienst über Selbstbezeichnung stellt. Die Arbeit ist wichtiger als die Identität. Das »Wir« ist bedeutsamer als das »Ich«. Die Engelzahl 999 und Erzengel Raphiel sind hier, um dich darin zu unterstützen, auf spirituelle Weise von Nutzen zu sein. In dieser Lektion geht es darum zu erkennen, wie Heilung mit dem Ganzen und nicht nur mit den Einzelteilen, aus denen es sich zusammensetzt, verbunden ist. Thema ist die Beziehung der Heilung zum »Wir« und nicht zum »Ich«. Was identifiziert werden muss, ist nur ein Teil des Ganzen, und deshalb ist es so wichtig, die Heilenergie fließen zu lassen, wohin sie es für richtig hält, und sie nicht dorthin zu lenken, wo das Ego sie sehen will.

Rufe Erzengel Raphiel hinzu, wenn du kämpfen musst oder wenn du es mit starken Ängsten, großer Unruhe und

Panik zu tun hast. Solche Emotionen wirken sich sehr negativ auf das Immunsystem aus und sind nicht abgestimmt auf Gesundheit und Wohlergehen. Bitte Erzengel Raphiel, deinen Verstand zu heilen, deine Emotionen zu beruhigen und dich in einen Zustand des Friedens und der Gnade zurückzuführen. Gestatte es Erzengel Raphiel und der 999, dich zurück in den Heilungsstrudel zu geleiten und dich auf die Frequenzen einzustimmen, die dein Köper, dein Verstand, dein Geist und dein Leben jetzt in diesem Moment brauchen. Heilung wirkt sich von Augenblick zu Augenblick aus, deshalb willst du im Jetzt geerdet bleiben und dich nicht in der Vergangenheit oder Zukunft verlieren. Erzengel Raphiel wird dich niemals von einem Ort in der Vergangenheit heilen, du kannst also nicht zurückgehen und heilen, was bereits geschehen ist. Raphiel wird deine Heilenergie auch nie in die Zukunft richten. Sie wird dir also nicht sagen, welchen Gesundheitszustand du in der Zukunft erwarten kannst oder nicht, denn jegliche Heilung findet ausschließlich hier und jetzt statt. Die Vergangenheit wird im gegenwärtigen Augenblick geheilt, und die Heilenergie wird für das zukünftige Selbst bestimmt. Was also jetzt geschieht, das wirkt sich als Heilenergie auf die Vergangenheit und auf die Zukunft aus, um Heilerfahrung zu schaffen. Wenn dir die 999 das nächste Mal begegnet, dann sei dir bewusst, dass Erzengel Raphiel an deiner Seite ist und dass eine Heilung stattfindet, die nicht nur dir, sondern allen in deinem Umfeld nutzt.

Erzengel Raphiels Visualisierung/Meditation

Heilung von den Engeln empfangen
In dieser geführten Meditation wirst du eine Verbindung mit der Heilenergie von Erzengel Raphiel und der Schwingungsenergie der 999 herstellen. Diese Selbstheilungsmeditation kann man weder richtig noch falsch machen. Vielleicht hast du im Verlauf der Meditation Körperempfindungen oder fühlst dich von emotionalen Wellen erfasst oder erlebst nichts dergleichen. Sei dir einfach bewusst, dass Raphiel bei dir ist und für dich einen für deine Erforschung geeigneten geheiligten Raum schaffen wird. Sorge dafür, dass du diese Meditation an einem ruhigen Ort machen kannst, an dem dich niemand stört. Wenn es dir richtig erscheint, kannst du eine grüne Kerze anzünden, die für Heilung steht, und sie während der gesamten Meditation brennen lassen. Falls du keine grüne Kerze hast, dann erfüllt auch ein weißes Teelicht den Zweck. Aber vergiss nicht, die Flamme am Ende zu löschen. Es steht dir frei, die Anweisungen zu dieser Meditation aufzunehmen und dann abzuspielen, damit du nur zuzuhören brauchst und die Augen schließen kannst. Oder aber du behältst deine Augen offen und liest die Anleitung. In jedem Fall wirst du mit einer Energie in Kontakt kommen, die dir nutzt.

Verhalte dich so, wie es sich am besten für dich anfühlt.

Bevor wir mit dieser Meditation anfangen, besinne dich auf einen Bereich deines Lebens, dem du Heilenergie senden möchtest. Hole ihn vor dein inneres Auge. Vielleicht handelt es sich um deine Gesundheit oder um eine Beziehung, möglicherweise um deine Arbeit oder Karriere. Du könntest sogar um die Heilung irgendwelcher inneren Widerstände bitten, die die nächsten Schritte eines bestimmten Projekts in dir auslösen. Du musst nicht genau wissen, wohin die Heilung gerichtet werden sollte, die allgemeine Richtung reicht aus, damit Erzengel Raphiel aktiv werden kann. Überlass ihr die Einzelheiten.

Sobald du den Bereich deines Lebens identifiziert hast, dem du diese Heilung zukommen lassen möchtest, bitte Erzengel Raphiel, in dein Energiefeld und in deine Aura einzuziehen. Du kannst dies mit folgenden Worten tun: »Erzengel Raphiel, ich rufe dich, damit du mithilfst, meinen Schwingungskörper zu heilen und neu einzustellen und mein Aurafeld zu reinigen.« Sobald du Erzengel Raphiel hervorgerufen hast, machst du es dir bequem. Stell eine Musik deiner Wahl an, wenn du willst, und mach lange, langsame, tiefe Atemzüge. Konzentriere dich auf deine Atemarbeit, während du deinen Geist im gegenwärtigen Augenblick in Übereinstimmung mit deinem Körper bringst; hole tief durch die Nase Luft, und entlasse sie durch den Mund. Dabei konzentrierst du dich auf Entspannung, Ruhe und Frieden. Je entspannter du bist, desto mehr Heilenergie kann dein Schwingungskörper aufnehmen. Mit einsetzender Entspannung lässt du deine Schultern sinken, vertreibst den Stress aus deinem Nacken, spürst, wie die Last und der Druck des Tages von dir und deinem Körper abfallen, und atmest tiefer. Vertraue darauf, dass Raphiel Heilenergie in den Bereich deines Lebens pumpt, für den du ihre Unterstützung erbeten hast. Deine Aufgabe besteht lediglich darin, dich zu entspannen und die

Energie frei dorthin fließen zu lassen, wo sie erforderlich ist, im Vertrauen darauf, dass die Engel dich heilen und weiterhin heilen werden, immer und jederzeit, wenn du darum bittest. Möglicherweise siehst du Erzengel Raphiels Energie sogar als farbiges Licht, das den von dir gewählten Körper- oder Lebensbereich einhüllt und durchdringt. Falls nicht, ist das auch in Ordnung. Heilenergie fließt auf jeden Fall.

Du kannst in diesem Zustand weiter verharren und deine Atemarbeit so lange fortsetzen, wie es dir richtig erscheint. Es kann sich um ein paar Minuten handeln oder auch um eine halbe Stunde. Vertraue deiner Intuition, und sei dir bewusst, dass du eine Energieverschiebung in deinem Umfeld wahrnehmen wirst, sobald Erzengel Raphiel fertig ist. Eventuell ist dir plötzlich warm oder du bemerkst kühle Luft in deinem Gesicht oder auf deinem Körper. Es kann auch sein, dass du spürst, wie jemand auf dein Gesicht atmet oder mit deinen Haaren spielt. Das ist ein Zeichen dafür, dass deine Sitzung vorüber ist. Wenn du eine solche Körperempfindung wahrnimmst, dann kehre langsam in deinen Mittelpunkt zurück, öffne deine Augen, lass deinen Blick durch das Zimmer wandern, entspanne deinen Nacken und bewege deine Hände, Finger und Zehen. Hole tief und langsam Luft, während du dein Bewusstsein zurück in den Tag und auf deine Aufgaben lenkst. Sobald du bereit bist, kannst du aus deiner entspannten Position aufstehen und deinen Alltag wieder in Angriff nehmen.

Einen Altar für die 999 und Erzengel Raphiel einrichten

Dein Heilaltar wird sich von deinen übrigen Altären unterscheiden. Er ist ausschließlich deiner Gesundheit und deinem Wohlergehen vorbehalten, und du kannst ihn so lange aufrechterhalten, wie du willst. Du musst nicht erst warten, bis du nicht mehr länger auf deine Gesundheit ausgerichtet bist, um diesen Altar zu nutzen. Ja, ich rate dir sogar, dass du den Altar dann einrichtest und verwendest, wenn du dich auf dem Höhepunkt deiner Gesundheit fühlst. Solltest du jedoch unter einer chronischen Krankheit leiden, dann richte ihn ein zu dem Zeitpunkt, an dem du dich bestmöglich auf Gesundheit und Wohlergehen konzentrieren kannst. Dein Körper ist vielleicht nicht in dem Zustand, den du dir wünschst, doch deinen Geist kannst du immer auf Wohlergehen ausrichten. Damit anzufangen, wenn du dich am besten auf Gesundheit und Wohlergehen fokussieren kannst, sorgt dafür, dass dein Altar gerade dann der größtmöglichen Menge »gesunder« Schwingungen ausgesetzt ist. Bereite für dich diesen Altar dann vor, wenn dein Wohlbefinden am größten ist, was immer das für dich bedeuten mag. Lege Gegenstände auf deinen Altar, die du mit deinem Wohlergehen assoziierst. Das könnten Fotos von dir beim Wandern, Zelten, Segeln oder bei irgendeiner anderen gesunden Aktivität sein, die du auf diesen Altar stellen willst. Außerdem benötigst du ein Bild von Raphiel oder eine entsprechende Orakelkarte, eine grüne Kerze, ein grünes Blatt Papier, auf das du die Zahlenfolge so oft geschrieben hast, wie sie darauf passt, eine Prise Salz, eine Handvoll Erde, ein paar Federn und alles andere, von dem du meinst, dass es auf deinen Altar gehört. Dann wirst du dich hinsetzen wollen, um ein Gebet oder eine Intentionsaussage zu verfassen, die sich an Raphiel und die 999 richtet. Folgender Wortlaut wäre denkbar: »Raphiel, ich bin bereit, mich in den Schwingungen meiner göttlichen Gesundheit zu sonnen. Ich bin offen für fortgesetztes Wohlergehen. Bitte erinnere mich daran, dass mir Gesundheit und Wohlergehen immer zur Verfügung stehen, dass sie weder begrenzt vorhanden noch knapp sind.«

Sobald dein Altar vorbereitet ist, solltest du ihn reinigen, indem du ein weißes Licht visualisierst, das direkt darüber aufleuchtet und alle unerwünschte Energie mit sich fortnimmt. Damit versetzt du deinen Altar für deine Gebetsarbeit in den richtigen Zustand. Mach dann ein paar tiefe Atemzüge, zünde die Kerze an und trage laut deine Intentionsaussage vor, indem du sie mit folgenden Worten beginnst: »Ich rufe Erzengel Raphiel und die Macht der 999, damit sie meine Intention hören und mir helfen, sie auf die heilendste Weise zu manifestieren. Möge meine Intention zu meinem Besten und zum Besten all der Menschen sein, die an ihrer Verwirklichung beteiligt sind.« Fahre dann fort, indem du deine Intentionsaussage beziehungsweise dein Gebet vorträgst: »Meine Intention ist ... Ich bete darum ...«

Zur Beendigung des Rituals kannst du entweder die Kerze löschen oder sie weiter brennen lassen, falls dies gefahrlos möglich ist. Solltest du sie ausblasen, sprich zunächst folgende Worte: »Indem ich diese Kerze lösche, vertraue ich darauf, dass der Rauch meine Intention hinauf in den Himmel trägt, damit sie dort durch das Universum manifestiert wird. Ich

bin bereit zu empfangen, worum ich bete, und so sei es.«
Jetzt kannst du deine Kerze löschen.

Hinweise für automatisches Schreiben

Sobald du deine Heilarbeit geleistet hast, wirst du feststellen, dass sich dein Zugang zu Raphiel offener gestaltet als gewöhnlich. Das kann bedeuten, dass Mitteilungen und Informationen langsam oder schneller bei dir einzutreffen beginnen; entweder in Form von einzelnen Worten, ganzen Sätzen oder auch als eine Art inneres Wissen. Wenn es dir richtig erscheint, dann nimm dein Tagebuch zur Hand und schlage Kapital aus diesem Kommunikationsweg. Du könntest der Seite die Überschrift »Gespräche mit Raphiel und der 999-Schwingungsenergie« geben. Falls du mit Tagebuchschreiben vertraut bist, kannst du ohne weitere Vorbereitungen anfangen, denn du wirst wissen, wie du die zarten Anstöße, die durch die Informationen von Erzengel Raphiel und der 999 zu dir fließen, auffassen musst. Sollte Tagebuchschreiben neu für dich sein, dann steht es dir frei, die nachfolgenden Hinweise zu nutzen, um in Gang zu kommen:

1. Raphiel, wie kann ich feststellen, ob du in der Nähe bist?
2. In welchen Bereichen meines Lebens lasse ich Gesundheit und Wohlergehen nicht ausreichend zu?
3. An welcher Stelle habe ich in meinem bisherigen Leben damit gerungen, mich in meinem Alltag mit Raphiels Heilenergie zu verbinden?

4. Wie kann ich mir deine Heilenergie in meinem Leben bewusster machen?
5. Auf welche Weise hilft es mir heute, wenn ich mich auf die Energie der 999 ausrichte?

Möglicherweise wirst du feststellen, dass dich bereits die Lektüre dieser Hinweise zum Schreiben bringt und du sofort über sie hinauswächst. Lass dich auf den Prozess ein, vertraue darauf, dass Raphiel dir die Hand führt, und verzichte darauf, das, was eintrifft, mit dem Verstand zu beurteilen.

Engelkristall: Prehnit

Dieses Mineral wird vielfach mit Heilern assoziiert und ist bekannt als der Stein, der den Heiler heilt. Er ist eng mit dem Herz-Chakra verbunden, vermag es zu öffnen und als mächtiges Heilwerkzeug zu erschließen. Deshalb eignet er sich vorzüglich dafür, ihn mit den Frequenzen der 999 und von Erzengel Raphiel zu codieren. Zu den magischen Werkzeugen, die du für diese Übung benötigst, gehören ein Prehnit von einer Größe, die man gut mit einer Hand umschließen kann, ein Blatt Papier, ein roter Stift, eine grüne Kerze für die Heilenergie, ein Band oder etwas Klebestreifen und ein Bild von Raphiel. Das Ergebnis dieser Übung ist ein Kristall, der mit der Heilenergie der 999 angereichert ist. Mach dir bitte klar, dass dies nur ein Talisman ist, ein Gegenstand, der dir hilft, deinen Geist auf all die Heilenergie zu fokussieren, die in dein Leben gelangen soll. Der Stein selbst vermag dich nicht von irgendwelchen Krankheiten zu kurieren, und er ersetzt auch nicht einen Arzt oder eine medizinische Behandlung.

Sobald du deine magischen Werkzeuge beisammenhast, male ein größtmögliches rotes Herz auf dein Blatt Papier. Entlang des äußeren Randes schreibst du fortgesetzt die Zahlenfolge 999, bis du das Herz einmal umrundet hast. In die Mitte deines Herzens legst du dein Bild von Erzengel Raphiel. Direkt oberhalb des Bildes platzierst du deinen Prehnit. Anschließend wickelst du den Kristall in dem Blatt ein und fixierst das Papier mit dem Band oder dem Klebestreifen. Das entstandene kleine Päckchen trägst du zu deinem Altar. Vielleicht möchtest du jetzt noch andere Gegenstände auf deinen Altar legen. Falls du eine eigene Wunschcollage zum Thema Gesundheit und Wohlergehen hast, dann könntest du sie hinzufügen, du musst es aber nicht. Sobald dein Altar fertig vorbereitet ist, entzünde die grüne Kerze und sprich das nachfolgende Gebet:

> *Erzengel Raphiel, ich rufe dich.*
> *Erfülle diesen Kristall mit der Heilenergie deines Herzens.*
> *Erfülle ihn mit der Frequenz der 999, und codiere ihn, damit er mir hilft, meine Ziele in Sachen Gesundheit und Wohlergehen zu erreichen.*
> *So wie es gesagt wurde, ist es geschehen.*

Jetzt lässt du dein kleines Kristallpäckchen auf dem Altar liegen, bis die Kerze heruntergebrannt ist. Falls du sie nicht unbeaufsichtigt brennen lassen kannst und löschen musst, lass den Stein auf dem Altar liegen und wiederhole dein Gebet so oft, bis die Kerze ganz und gar aufgebraucht ist. Danach packst du den Kristall aus und verwendest ihn nach Bedarf immer dann, wenn du meinst, deinen Tag mit der Energie von Erzengel Raphiel und der 999 unterstützen zu müssen. Du kannst das Bild von Raphiel und das Papier mit deinem Herzen darauf auf deinem Raphiel-Altar oder mit deiner Wunschcollage zum Thema Gesundheit und Wohlergehen weiterverwenden. Wenn du dich anders entscheidest, dann entsorge sie bitte auf verantwortungsbewusste Weise.

Zusatzzahlen für die Arbeit mit Erzengel Raphiels Energie

990: Es gibt unendlich viele Möglichkeiten, um Heilenergie jetzt sofort in dein Leben zu lenken, lass also los und gestatte den Fluss.

991: Da ist etwas sehr Persönliches und Innerliches, in das du jetzt Heilenergie fließen lassen musst. Leugne es nicht; bekenne dich dazu, und gestatte es Erzengel Raphiel, deiner Innenwelt Heilung zu bringen.

992: Heute gelangt Heilenergie in deine herzgesteuerten Beziehungen. Öffne also dein Herz, und erlaube es der heilenden Kraft, von deinem Herzen in das eines Menschen zu fließen, den du liebst.

993: Es gibt einen von dir genutzten sozialen Raum, der jetzt Heilenergie von dir benötigt. Frage deine Mitmenschen heute, wie es ihnen geht, und lass sie wissen, dass du sie wertschätzt.

994: Angst stellt nur eine weitere Gelegenheit dar, um heil zu werden. Wobei auch immer du heute Angst empfindest, vertraue es Erzengel Raphiel und seiner Heilung an.

995: Veränderung ist nur ein anderes Wort für Heilung. Indem wir die Vergangenheit heilen, versorgen wir zugleich auch die Zukunft mit Heilenergie. Und dies alles geschieht, indem wir in der Gegenwart Veränderungen vornehmen.

996: Es ist an der Zeit, dein Zuhause zu reinigen. Entferne all die alte Energie, und richte es neu ein mit neuen heilenden Frequenzen der Liebe, Freude und des Wohlergehens.

997: Nimm dir heute Zeit, und ruhe dich aus, denn für Körper, Geist und Seele entfaltet Ruhe die größte Heilwirkung.

998: Alles in deiner Welt bedarf der Heilung, nicht weil es kaputt ist, sondern weil es Liebe, Mitgefühl und Anerkennung verdient.

11. KAPITEL

1010 – Erzengel Gabriel: *Du bist eins mit allem*

»Erfasse das Gesetz der Ganzheit, und begreife deinen Platz in der universellen Matrix.«

Die tiefere Bedeutung der 1010

Viele Menschen, insbesondere diejenigen, die einem Weg der Heilung zu folgen versuchen, empfinden, dass sie, so wie sie sind, nicht ausreichen, dass ihnen etwas fehlt oder dass andere etwas haben, was sie selbst niemals erreichen können. Vergleichen ist gleichbedeutend mit einer Abkopplung von der Quellenergie. Mangel bedeutet, dass wir von unserem göttlichen Selbst abgeschnitten sind. Wenn du es deinem Verstand gestattest, dein inneres Wissen infrage zu stellen, dann verursachst du damit eine Trennung von der Quellenergie und hörst auf, deine Vollständigkeit zu empfinden. Die Engelzahl 1010 erinnert dich daran, dass du eben nicht abgeschnitten und nicht alleine bist. Erzengel Gabriel sagt, man soll sich Zugehörigkeit wie eine Zugreise vorstellen. Manchmal gibt es im Zug freie Sitzplätze, und du hast auf deiner Reise ein wenig mehr Bequemlichkeit. Ein andermal muss man stehen und sich an der Stange festhalten oder an einer Schlaufe. Beide bekommt man manchmal aus den unterschiedlichsten Gründen nicht gut zu fassen und lässt vielleicht sogar los. Dann ist man ohne Halt, auf sich allein gestellt und den Bewegungen des Zuges ausgeliefert. Statt Sicherheit und Stabilität zu haben musst du höchste Alarmbereitschaft aufbringen, und du fühlst dich alleine, weil du durch das Schütteln und Schwanken des Zuges, den wir »das Leben« nennen, hin und her geworfen wirst. Die 1010 erinnert dich jedoch daran, dass du jederzeit wieder nach dem Haltegriff an der Quelle greifen kannst. Es steht dir frei, dich neu zu verbinden mit der Energie, aus der du hervorgegangen bist, und einen freien Sitzplatz zu finden.

Manchmal ist diese Abkopplung vorübergehend, und manchmal scheint sie ein Leben lang anzudauern. Tatsächlich sind die Haltestange, der Haltegriff und die Unterstützung stets vorhanden. Du musst nur bereit sein, den Arm auszustrecken und dich festzuhalten. Die Sitzplätze sind ebenfalls immer da. Die Leute, die einen Sitzplatz ergattern, haben nicht mehr Glück als du; sie bezweifeln ihre Zugehörigkeit nicht. Sie glauben daran, dass sie unterstützt werden, und deshalb klappt es. Sie sind auf die Frequenz der 1010 eingestimmt und vertrauen darauf, dass Erzengel Gabriel da ist, um für sie zu sorgen. Der kleine Unterschied heißt Glauben. Die Engelzahl will, dass du dich hochstreckst, an deinen

Platz in der universellen Matrix glaubst, dich selbst als vollständig und unterstützt begreifst und als eine Person, die die Fahrt in dem Zug mit allen anderen Fahrgästen gemeinsam unternimmt. Die Engelzahl 1010 will, dass du dies auf der Basis der Einsicht tust, dass ihr alle das Gleiche wollt, nämlich glücklich und unbeschadet das Ziel zu erreichen. Die Antwort auf die Frage, ob du wohlbehalten an deinem Ziel ankommst, ist nie ungewiss, denn du wirst immer an dein Ziel gelangen. Wenn dir die 1010 begegnet, dann nimm dir einen Moment lang Zeit, strecke die Hand nach oben und ergreife den Haltegriff. Spüre, wie die Energie von Erzengel Gabriel in dir fließt, während du mit deinen Fingern den Griff umschließt, als würdest du die Hand des Göttlichen selbst halten. Mach lange, langsame und tiefe Atemzüge, und gestatte es dir, dich ganz und vollständig und eins mit der Energie zu fühlen, die dich erschaffen hat. Sobald du meinst, stabil und sicher zu sein, kannst du loslassen und deinen Arm wieder herunternehmen, im Vertrauen darauf, dass du, sobald du die Verbindung erst einmal hergestellt hast, den Vorgang nicht mehr wiederholen musst, es sei denn, du fühlst dich wirklich verloren, allein und der Fahrt, die wir Leben nennen, zu sehr ausgeliefert.

Erzengel Gabriel

Zu mir kommt Erzengel Gabriel immer in ihrer weiblichen Form, doch vielleicht zeigt sie sich dir anders. Gabriel taucht meist dann bei mir auf, wenn sie sich an einen meiner

Klienten geheftet hat. Gabbie, wie ich sie gerne nenne, ist ein Heilengel und kommt, um die Heilung meiner Kunden zu beaufsichtigen oder zu unterstützen. Dabei könnte es sich um die Heilung einer physischen Krankheit handeln oder um Einsamkeit, Depression, Geldsorgen, Liebe – such es dir aus. Gabbie ist da, um den Heilprozess zu fördern. Sie tut dies durch Wiederverbindung oder -vereinigung. Sie erklärt unser Bedürfnis für Heilung folgendermaßen: »Wenn man spürt, dass sie abgetrennt, abgekoppelt oder einsam sind, dann reißen sie damit eine Wunde in ihren Schwingungskörper. Damit beschädigen sie möglicherweise ihre Aura oder ihre Chakren. Diese Wunde wirkt sich dann auch auf den Geist und den Körper aus. Wenn sie kommen, um geheilt zu werden, dann erinnern wir sie nur daran, dass sie nicht abgetrennt sind und dass es etwas wie ihr und die oder ich und du gar nicht gibt. Es gibt nur wir und uns. Alles ist eins. Alles kommt aus der gleichen Energie und kehrt zur gleichen Energie zurück.« (So hat sich Erzengel Gabriel mir mitgeteilt.)

Und deshalb arbeitet die 1010 gut mit Gabriels Heilenergie zusammen. Die Eins hat ihren Ursprung im Nichts oder, um genauer zu sein, im Ego, im Ich, das dem grenzenlosen Potenzial des Alles entstammt. Ohne Null gibt es keine Eins, und zugleich kann die Eins doch auch existieren, ohne erst aus dem Nichts zu kommen. Das heißt, alles außerhalb von dir entspringt aus dir, und eben auch dein Körper und Geist. Du bist zugleich die Null und die Eins. Verwirrend oder? Mach dir keine Sorgen, du bist nicht allein. Obwohl ich diese Zusammenhänge kenne, spielen sie mir dennoch

Streiche in meinem Kopf. Aber das geschieht nur, weil sich das Ego als abgetrennt sehen will, als eigenständiges Wesen, das herausgehoben ist aus dem Rest der Schöpfung. Doch diese Wahrnehmung ist falsch, da wir niemals alleine oder abgekoppelt sind. Doch unser Verstand hört nur zu gerne auf unser Ego. Er will glauben, dass wir eine eigenständige Bedeutung und einen eigenständigen Zweck haben, losgelöst von allen anderen. Im Verlauf der letzten zehn Jahre habe ich die Folgen dieser Wahrnehmung wieder und wieder auf meinem Behandlungstisch gesehen. Die Traurigkeit, Verwirrung, Frustration, Wut und Krankheit, die mit dieser Fehlinterpretation des Lebens einhergehen, können vernichtend sein.

Zum Glück muss es nicht so sein, denn tatsächlich ist es nicht so, und Erzengel Gabriel und die 1010 sind da, um dich daran zu erinnern, dass du nicht alleine bist. Du bist nicht abgekoppelt. Du und alles um dich her seid eins. Ihr habt ein und dasselbe Herz gemeinsam, den gleichen Traum und die gleiche Vision der Schöpfung. Nur weil es von außen betrachtet anders aussieht, muss das nicht heißen, dass es auch anders schwingt. Visuelle Gegensätzlichkeit bedeutet nicht Schwingungsgegensatz. Keine zwei Personen haben eine identische Vorstellung von Liebe, aber das ändert nichts daran, dass wir uns trotzdem alle nach der gleichen Frequenz, die wir als Liebe bezeichnen, verzehren und sehnen. Keine zwei Menschen haben die gleiche Vorstellung von Freude, aber dennoch schwingt Freude in der gleichen Frequenz. Kannst du erkennen, worauf ich hinauswill? Natürlich kannst du das. Erzengel Gabriel ist da, um dich daran zu erinnern, dass alles, was du empfindest, wovon du träumst und wonach du dich sehnst, im Zentrum aller empfindungsfähigen Wesen steht. Es mag unterschiedlich aussehen, aber es schwingt alles in der gleichen Frequenz. Wir alle sind eins; verschieden, aber eins. Wir alle kommen aus der Null und kehren zur Null zurück. Wir treten ein in die physische Form, um die Energie der Eins zu durchleben, und wir alle verlassen die Eins und die physische Form, um zur Null zurückzukehren. Wir alle befinden uns auf derselben Reise und auf dem gleichen Weg; wir entscheiden uns lediglich, zu unserem eigenen einzigartigen Beat zu gehen. Wenn es uns gelingt, diese Zusammenhänge wirklich zu begreifen, dann heilen wir diese Wunde der Abgeschnittenheit und jubeln über unseren Platz in der universellen Matrix.

Erzengel Gabriels Visualisierung/Meditation

Anschluss finden an dein Leben
Sorge dafür, dass du diese Meditation an einem ruhigen Ort machen kannst, an dem dich niemand stört. Wenn es dir richtig erscheint, kannst du für die Heilung deines Herzens eine apfelgrüne Kerze anzünden und sie während der gesamten Meditation brennen lassen. Vergiss nicht, die Flamme am Ende zu löschen. Du könntest die Anweisungen zu dieser Meditation aufnehmen und dann abspielen, damit du nur zuzuhören brauchst und die Augen schließen kannst. Oder aber du behältst deine Augen offen und liest die Instruktionen. In jedem Fall wirst du mit einer Energie in Kontakt kommen, die dir nutzt.

Verhalte dich so, wie es sich am besten für dich anfühlt.

Lass uns anfangen.

Falls du entschieden hast, eine Kerze anzuzünden, dann ist jetzt der richtige Zeitpunkt. Als Nächstes nimmst du eine bequeme Haltung ein, entweder sitzend in einem Sessel oder liegend oder in einer Yogaposition. Richte deinen Geist auf das Anweisungsmanuskript, und sei wach und offen für jegliche Visionen, die du möglicherweise während dieser Meditation hast. Mach lange, langsame, tiefe Atemzüge, indem du durch die Nase ein- und durch den Mund ausatmest. Spüre, wie die Atemluft über deinen Rachen, durch deine Kehle streicht und deine Lunge füllt. Stoße die verbrauchte Luft durch den offenen Mund aus, und mach dir bewusst, wie sich dein Körper leert. Konzentriere dich auf diese Atemarbeit, und halte sie so rhythmisch wie möglich, wobei das Ein- und Ausatmen ungefähr gleich lang sein sollte. Gestatte es deinem Körper und Atem, ihren eigenen natürlichen Fluss zu finden. Rufe jetzt, während du deine Atemarbeit fortsetzt, Erzengel Gabriel hinzu. Bitte sie, sich deiner Energie und deiner inneren Vision hinzuzugesellen und zu dir in deinen Raum zu kommen.

Gabriel kann dir männlich oder weiblich oder als beides zugleich oder geschlechtslos erscheinen. Gestatte es Gabriel, die Form zu wählen, die sie für am besten für dich, deine Heilung und diese Meditation hält. Mach dir keine Sorgen, falls du keine Gestalt oder Anwesenheit bei dir im Raum spürst. Gabriel ist trotzdem da, um dich zu unterstützen, dich zu würdigen und dein Ansinnen zu bezeugen. Entspanne dich, und vertiefe deine Atemarbeit, während du dich von

Gabriels Energie schützen und halten lässt. Indem du dich diesem Empfangen öffnest, sinkst du tiefer in den Augenblick und öffnest dich noch ein wenig mehr. Behalte unterdessen dein langsames, rhythmisches und tiefes Atmen bei. Jetzt holst du den Bereich deines Lebens in dein Blickfeld, mit dem du dich gegenwärtig kaum verbinden kannst. Es sollte einer sein, in dem du dich allein und abgeschnitten fühlst. Bemühe dich, auf Beurteilungen und Wertungen zu verzichten, während du den Bereich ins Scheinwerferlicht nimmst. Lass ihn an die Oberfläche kommen, und halte die aufsteigenden Bilder und die dazugehörigen Gefühle so gut wie möglich fest. Sobald du meinst, deine Sorge erfasst zu haben, gestatte es Gabriel, dir zu zeigen, wo die Verbindungsfäden zu dir sind.

Sieh zu, wie sie alle Fäden aufleuchten lässt, die diesen Bereich deines Lebens mit anderen Menschen, Orten oder Dingen verbinden. Sei zufrieden damit zuzusehen; versuche nicht, Vision, Bilder oder Gefühle zu beeinflussen. Konzentriere dich vielmehr weiter auf deine Atemarbeit, hole Luft durch die Nase und atme sie durch den Mund aus. Beobachte, bis alle Verbindungsfäden leuchten. Betrachte, wie dich dieses Netz mit der Welt um dich her verbindet. Fokussiere dich wirklich auf die Personen und Orte, an denen die Fäden anknüpfen, denn sie sind es, die dir Raum geben, damit du dich ganz, vollständig und als Teil von etwas Größerem fühlen kannst. Lass dich ganz auf das Gefühl ein, das in dir aufkommt, weil du so verbunden und ausgerichtet bist. Nimm die Empfindungen wahr, die deinen Körper durchströmen, und du erkennst, dass du hier und jetzt mit vielen zusammenstehst und dass alle Fäden zu einem zusammenlaufen. Erhalte die Vision aufrecht, solange du dich ihr zugehörig fühlst. Lass dich von ihrer Energie einhüllen.

Sobald du das Gefühl hast, dass die Verbindung wiederhergestellt ist und der betreffende Bereich deines Lebens wieder zu dir gehört, hole tief Luft und blase mit dem Ausatmen alle Fäden fort. Sieh zu, wie die Lichter erlöschen. Mach dir bewusst, dass du dich nicht mehr allein, abgeschnitten oder abgekoppelt fühlst, denn du weißt, dass die Fäden noch da sind, auch wenn sie jetzt verblasst sind. Du hast erfahren, dass du Bestandteil von etwas bist, das größer ist als du selbst. Dir ist klar, dass du vollständig und ausgerichtet bist und deinen Teil zum großen Ganzen des Universums beiträgst. Atme ein und entlasse mit dem Ausatmen alle zurückgebliebenen Zweifel zu diesem Bereich deines Lebens. Hole noch einmal tief Luft und sieh, wie Gabriel sich langsam zurückzieht. Bedanke dich bei den Engeln in dem Wissen, dass sie ebenso wie die Fäden immer da sind, auch wenn du sie nicht siehst. Konzentriere dich nun auf deine Atemarbeit, und führe deine Aufmerksamkeit langsam zurück zu deinem Körper und in den Raum, in dem du dich aufhältst. Sobald du wach und bereit bist, öffne deine Augen. Wenn es möglich ist, dann lass die Kerze brennen. Falls nicht, lösche sie und kehre zurück in deinen Alltag.

Einen Altar für die 1010 und Erzengel Gabriel einrichten

Wir alle besinnen uns nur mühsam darauf, dass wir vollständig und ganz sind, dass wir nicht repariert werden müssen und dass wir so, wie wir sind, vollkommen sind. Für diesen Altar schreibst du deshalb einen Brief an dich selbst, um dich genau an diese Tatsache zu erinnern. Du kannst ihn beginnen, indem du deinen Namen als Überschrift oben hinschreibst und danach einen Satz wie: »Hier folgt eine Liste von Dingen, die mir ins Gedächtnis rufen, dass ich ganz, vollständig und eins bin in den Augen des Göttlichen/Universums/Gottes/der Göttin.« Deine Liste kann so viele Punkte enthalten, wie du willst, oder auch nur drei. Die Länge der Aufzählung ist weniger wichtig als der Brief insgesamt, den du dann auf deinen Altar legst. Außerdem brauchst du für deinen Altar ein Bild von Gabriel oder eine entsprechende Orakelkarte, eine weiße Kerze, die dafür steht, dass alles eins wird, die 1010, die du auf ein weißes Blatt Papier geschrieben hast, eine Prise Salz, eine Handvoll Erde, ein paar Federn und alles, was du sonst noch auf den Altar legen willst.

Zusätzlich möchtest du möglicherweise ein Gebet oder eine Intentionsaussage formulieren, die sich an Gabriel und die 1010 richtet. Hier ein Beispiel: »Gabriel, bitte erinnere mich daran, wer ich bin, wenn ich ins Wanken gerate. Flüstere mir ins Ohr, auf welche Weise ich vollständig und ganz bin. Ruf mir ins Gedächtnis, dass ich nicht kaputt bin und nicht repariert werden muss. Ich begreife, dass ich ein in Ausführung befindliches herrliches Werk bin, so wie das

Universum selbst, denn ich bin aus Sternenstaub, und das macht das Universum und mich eins, vollständig und ganz.«

Sobald dein Altar eingerichtet ist, solltest du ihn mit einem Salbeispray oder mit einer Kräuterräucherung reinigen. So kannst du den Raum energetisch und mental für deine Gebetsarbeit vorbereiten. Wenn du dein magisches Werkzeug beisammen, den Altar gereinigt und alles hergerichtet hast, dann mach ein paar tiefe Atemzüge, zünde deine Kerze an und trage deine Intentionsaussage laut vor, indem du mit diesen Worten beginnst: »Ich rufe Erzengel Gabriel und die Macht der 1010, damit sie meine Intention hören und mir helfen, sie auf die ganzheitlichste Weise zu manifestieren. Möge meine Intention meinem höchsten Gut dienen und dem aller, die an ihrer Verwirklichung beteiligt sind.« Danach trägst du deine Intentionsaussage beziehungsweise dein Gebet vor: »Meine Intention ist ... ich bete darum ...«

Um das Ritual abzuschließen, kannst du entweder die Kerze löschen oder sie brennen lassen, falls das gefahrlos möglich ist. Solltest du dich für Ersteres entscheiden, dann sprich zuvor folgende Worte: »Indem ich jetzt diese Kerze ausblase, vertraue ich darauf, dass der Rauch meine Intention hinauf in den Himmel trägt, damit sie vom Universum manifestiert werden kann. Ich bin bereit zu empfangen, worum ich gebeten habe, und so sei es.« Danach löschst du deine Kerze.

Hinweise für automatisches Schreiben

Nachdem du die Meditation und deine Gebetsarbeit erledigt hast, ist dir vielleicht aufgefallen, dass deine Verbindung zu Gabriel und ihren zahlreichen Erscheinungsformen offener geworden ist und dass Mitteilungen und Informationen langsam oder schneller bei dir einzutreffen beginnen. Das kann in Form von einzelnen Worten, ganzen Sätzen oder auch als eine Art inneres Wissen geschehen. Wenn es dir richtig erscheint, dann nimm dein Tagebuch zur Hand und schlage Kapital aus diesem Kommunikationsweg. Du könntest der Seite die Überschrift »Gespräche mit Gabriel und der 1010-Schwingungsenergie« geben. Falls du mit Tagebuchschreiben vertraut bist, dann hast du die Möglichkeit, einfach anzufangen, denn du wirst wissen, wie du die zarten Anstöße, die durch die Informationen von Erzengel Gabriel und der 1010 zu dir fließen, auffassen musst. Falls Tagebuchschreiben neu für dich ist, steht es dir frei, die nachfolgenden Hinweise zu nutzen, um in Gang zu kommen:

1. Gabriel, wie kann ich feststellen, ob du in der Nähe bist?
2. In welchen Bereichen meines Alltags lasse ich es nicht zu, mich zugehörig zu fühlen?
3. Warum empfinde ich mit manchen Menschen in meinem Leben Verbundenheit leichter als mit anderen?
4. Wie kann ich mir meinen Platz in meiner Familie, in meiner Nachbarschaft oder an meinem Arbeitsplatz bewusster machen?

5. Wie kann es mir heute helfen, wenn ich mich auf die Energie der 1010 ausrichte?

Möglicherweise wirst du feststellen, dass dich bereits die Lektüre dieser Hinweise zum Schreiben bringt und du sofort über sie hinauswächst. Lass dich auf den Prozess ein, vertraue darauf, dass Gabriel dir die Hand führt, und verzichte darauf, das, was eintrifft, mit dem Verstand zu beurteilen.

Engelkristall: Kyanit

Wenn es um Ausgleich und Ausrichtung der mentalen und spirituellen Körper geht, dann ist Kyanit eine sichere Bank. Damit ist der Kristall ideal, um die Energie der 1010 aufzunehmen und zu erden. Die Engelzahl 1010 ist verbunden mit Gleichgewicht, der Herstellung von anhaltender Harmonie und Ganzheit sowie mit der Vereinigung von Yin- und Yang-Energien. Am besten gelingt dies, wenn der Kyanit in einem Anhänger verarbeitet ist, aber auch als Handschmeichler kann der Kristall seine Wirkung gut entfalten. Als magische Werkzeuge benötigst du für diese Übung einen Kyanitanhänger oder einen entsprechenden Handschmeichler, einen Stift und ein Blatt Papier.

Auf das Blatt schreibst du die 1010 so, dass die Zahlenfolge das Blatt ausfüllt. Darauf legst du den Kyanit, und darüber hältst du deine beiden Hände. Sie sollten den Stein nicht berühren, aber möglicherweise empfindest du eine Wärme oder ein anderes physisch wahrnehmbares Signal, während du ihn mit deiner Energie codierst. Mach ein paar tiefe, langsame Atemzüge, und schließe die Augen, falls sich das für dich richtig anfühlt. Stell dir vor, wie Gabriels Energie aus deinen Händen in den Stein fließt. Sieh, wie sich die Energie mit der 1010 mischt und deinen Kristall durchdringt. Atme weiter, und halte deine Hände über den Kyanit, bis der Energiefluss aufhört oder deine Hände kalt werden oder du einen zarten Lufthauch empfindest, der über deine Hände weht. Auf jeden Fall wirst du deutlich spüren, wann du fertig bist. Vertraue deinem Bauchgefühl.

Wenn du zum Ende gekommen bist, dann falte das Blatt Papier zusammen und leg es auf deinen Gabriel-Altar oder wirf es ins Altpapier. Dein Anhänger beziehungsweise dein Handschmeichler ist jetzt zum Tragen vorbereitet. Vielleicht merkst du, dass du deinen Kyanit nicht ununterbrochen bei dir haben musst, sondern nur an den Tagen, an denen du dich neu verbinden oder dein Gleichgewicht wiederfinden willst oder du deine Ausrichtung verloren hast. Dein Kristall wird dich in deinen Mittelpunkt und zur Ganzheit zurückführen.

Zusatzzahlen für die Arbeit mit Erzengel Gabriels Energie

1011: Ein guter Anführer weiß, dass die Mitglieder eines Teams den gemeinsamen Erfolg als ihren persönlichen ansehen, vorausgesetzt sie erfahren Wertschätzung und fühlen sich gut eingebunden.

1012: Du suchst die Gesellschaft deiner Mitmenschen nicht deshalb, um dich als ganz zu empfinden; vielmehr bist du, wenn du in der Frequenz der Ganzheit schwingst, offen genug, um dich mit anderen eins zu fühlen.

1013: Jetzt ist der richtige Zeitpunkt, um »wir« und nicht »ich« zu denken, denn wenn wir uns als alle empfinden, dann begegnen wir der Welt mit Mitgefühl und Freundlichkeit.

1014: Struktur, Routine und tägliche Gewohnheiten sorgen dafür, dass du dich im Gleichgewicht, geerdet und verbunden fühlst. Die Magie liegt im banalen Wesen der Wiederholung.

1015: Wenn du weißt, wer du bist, dann heißt du Veränderung willkommen, weil du begreifst, dass du mit allem, was auch kommen mag, fertigwirst.

1016: Gemeinschaft ist eine Erweiterung des Selbst. Wenn du dich eins mit dir fühlst, dann kannst du deine Gemeinschaft darin unterstützen, Glück, Gesundheit und Ganzheit zu finden.

1017: Die Basis für harmonische Ausrichtung muss im Inneren errichtet werden. Hast du das Gefühl, aus dem Gleichgewicht zu sein, dann halte einen Moment inne, blick dich um und zähle sieben Dinge auf, die du in deiner unmittelbaren Umgebung wahrnimmst. Diese kleine Übung hält dich im Augenblick und bewahrt dir innere Harmonie.

1018: Geld zieht es vor, zu fließen und im Gleichgewicht zu sein; das heißt, wenn du dich mit dem Fluss der Fülle verbinden möchtest, dann klammere dich nicht an

Materielles, sondern betrachte deine materielle Welt als vollständig und ganz.

1019: Wenn ein Zyklus abgeschlossen ist, dann bedeutet das, dass du zum Ausgangspunkt zurückgekehrt bist. Ein geschlossener Kreis ist ganz. Mithin, etwas ist zum Abschluss gekommen. Was immer es ist, es ist fertig, und es ist an der Zeit, sich anderem zuzuwenden.

12. KAPITEL

1111 – Erzengel Sandalphon: *Wünsch dir etwas, das Universum ist ganz Ohr*

»Du lebst in einem freundlich gesinnten Universum, das uns alle Wünsche erfüllen möchte. Wünsch dir also etwas, vertraue darauf, dass du gehört wirst, und sei dir bewusst, dass sich die Erfüllung auf vollkommenste und göttlichste Weise bereits auf dem Weg zu dir befindet.«

Die tiefere Bedeutung der 1111

Erzengel Sandalphon möchte dir nahebringen, dass das Universum wirklich und wahrhaftig immer und ohne Ausnahme zu deinem Besten konspiriert. Ganz egal, was sich in deinem Leben gerade ereignet, wenn sich dir die 1111 zeigt, dann halte inne, leere deinen Geist und bitte um die Beherzigung eines Herzenswunsches. Dein Herz ist der Schlüssel zur Verwirklichung deiner Wünsche, nicht dein Verstand.

Verschwende also deine Zeit nicht mit Denken, sondern fühle! Mach einen tiefen Atemzug, stell die Verbindung her und wünsche. Erzengel Sandalphon will, dass du weißt: Was sich in deinem Herzen rührt, das wird im Universum gehört. Aus der Schwingungsperspektive ist dein Herz der Teil von dir, der sich am lautesten zu Wort meldet, und das freundliche Universum versucht immer, sich mit deinem Herzen in Übereinstimmung zu bringen. Die Engelzahl 1111 drückt aus: »Sei mutig, vertraue und sende diesen Wunsch aus. Überlass ihn den Engeln, und erlaube es ihnen, dich zu segnen. Gestatte es der Energie der 1111, dir das zu verschaffen, was dein Herz ersehnt, und dir, es anzunehmen.« Sandalphon weiß, dass das leichter gesagt als getan ist, vor allem für diejenigen, deren Verstand ihnen etwas ganz anderes weismachen will. Dein Kopf erlaubt dir vielleicht das Wünschen, doch er wird Himmel und Hölle in Bewegung setzen, um dich am Empfangen zu hindern. Möglicherweise versucht er, dich davon zu überzeugen, dass dein Herzenswunsch unerfüllbar ist oder dass du die Beherzigung nicht wert bist oder dass die Verwirklichung deiner Wünsche mindestens irgendeine Form von Bezahlung verlangt. Nichts davon ist wahr, gar nichts.

Du bittest. Du empfängst. Das ist alles. Ein einfacher Zwei-Schritte-Prozess, nicht mehr und nicht weniger. Wenn dir die 1111 begegnet, dann leg deine Hand auf dein Herz und wünsch dir etwas. Sauge die Energie der 1111 ein, und atme deinen Wunsch direkt in die offenen Hände von Erzengel Sandalphon aus. Gestatte es ihm, deine Anliegen an sich zu nehmen und denjenigen zu übergeben, die bereit sind und darauf warten, für dich zu schaffen. Ich wette, du wusstest nicht einmal, dass ein Team frequenter Wesen in Bereitschaft steht, um deine Herzensangelegenheiten zu den ihren zu machen, aber so ist es. Und es ist seine Aufgabe, auch diejenigen deiner Hoffnungen und Träume zu verwirklichen, die du in deinem Herzen verbirgst, die dein Herz höherschlagen lassen, was nur die Engel hören und nur du spürst.

Was also hütest du in deinem Herzen?

Wonach sehnt sich dein Herz?

Gib deinem Herzen eine Stimme, und gestatte es ihm, so laut wie nötig zu schlagen, wenn du das nächste Mal eine 1111 siehst. Deine Wünsche sind einfach, rein und göttlich. Sandalphon sagt, kein Anliegen ist zu groß oder zu klein. Wenn es in deinem Herzen wohnt, dann ist es auf jede Weise vollkommen, und Sandalphon ist bereit und wartet darauf, dieses Anliegen kennenzulernen, gerade weil es so tief in deinem Herzen schlägt.

Erzengel Sandalphon

Erzengel Sandalphons Ursprungsgeschichte hat Ähnlichkeiten mit Metatrons, denn auch er lebte ursprünglich als Mensch auf der Erde und erhielt dank seiner guten Taten eine göttliche Rolle als himmlischer Postbote. In dieser Funktion überbringt er dem Himmel Gebete und Wünsche und liefert sie in Gottes Posteingangskorb. Es gibt sogar Geschichten, die Sandalphon als so hochgewachsen beschreiben, dass er mit den Füßen auf der Erde steht, während sein

Kopf bis in den Himmel hinaufreicht. Meine persönlichen Erfahrungen mit diesem Engel können nicht ganz mit seiner vermeintlichen Riesenhaftigkeit mithalten, aber für mich ist er vor allem ein herausragender Postbote. Sandalphon zeigt jederzeit die Bereitschaft, unsere Anfragen in die höheren Reiche zu transportieren und sich als kommunikative Brücke zwischen der Erde und den Himmeln zur Verfügung zu stellen. So gesehen hat Sandalphon eine äußerst eindeutige Rolle an seinem himmlischen Arbeitsplatz und ähnelt anderen Kommunikationsgottheiten wie Merkur und Hermes, die mit Flügeln an ihren Schuhen dargestellt wurden. Die Vorstellung von einem himmlischen Postdienst gefällt mir ganz hervorragend. Auf diese Weise können wir uns die Schwingungsenergie bildlich vorstellen, die unsere Botschaften abholt und liebevoll in die Hände derjenigen legt, deren Aufgabe es ist, uns bei der Verwirklichung zu unterstützen.

Die Engelzahl 1111 soll uns daran erinnern, dass die Verbindung steht und dass jetzt ein idealer Zeitpunkt ist, um unsere Anfrage in den Energiestrudel zu geben. Wir alle müssen gelegentlich daran erinnert werden, dass wir um Hilfe rufen dürfen. Wie oft vergisst du zu bitten oder öffnest deinen Mund, ohne richtig um das zu ersuchen, was du willst? Erzengel Sandalphon weiß, dass die meisten Menschen Schwierigkeiten damit haben. Er erinnert uns daran, was von uns erwartet wird. Er ruft uns ins Gedächtnis, dass eine himmlische Mannschaft nur darauf wartet, unsere Anfrage entgegenzunehmen. Je häufiger du mit Sandalphon in Kontakt trittst und mit der 1111 arbeitest, desto leichter wird es dir fallen zu bitten, auszusenden, zu vertrauen und zu empfangen, denn letztendlich ist der Ablauf genau in dieser Reihenfolge festgelegt. Sobald sich dir eine 1111 zeigt, hast du nichts anderes zu tun, als deinen Wunsch auf den Weg zu bringen. Du überlässt ihn liebevoll den Händen von Erzengel Sandalphon und vertraust darauf, dass er ihn in der richtigen himmlischen Abteilung abliefert. Danach lehnst du dich entspannt zurück und wartest auf die Erfüllung deines Wunsches. Welche Herzensbedürfnisse möchtest du jetzt also Sandalphon übergeben?

Erzengel Sandalphons Visualisierung/Meditation:

Wünsch dir was!
Wünsche können bewirken, dass wir uns zusammenziehen. Dieser Zusammenhang mag dir merkwürdig erscheinen, doch oft sind wir so voller Widerstand gegenüber unseren Bedürfnissen, dass unsere Energie einschrumpft und wir uns gar nicht mehr vorstellen können, uns überhaupt etwas wünschen zu dürfen. Während dieser Meditation wirst du Erzengel Sandalphon rufen, damit er dir hilft offen zu bleiben, wenn du deinen Wunsch aussprichst, und es der Energie der 1111 zu gestatten, den Widerstand, den du möglicherweise in deinem Energiefeld, Verstand oder Körper aufrechterhältst, zu verringern und abzubauen. Es gibt keinen richtigen oder falschen Weg, um die Energie von Engeln zu erleben. Möglicherweise hast du Körperempfindungen, spürst Hitze oder Kälte oder sogar, wie dich etwas oder jemand im Verlauf

der Meditation im Gesicht oder am Kopf berührt. Vielleicht siehst du Farben oder deine Sinne werden geschärft. Es könnte sein, dass du beim ersten Mal oder sogar beim zweiten und dritten Mal noch nichts spürst. Doch sei dir bewusst, dass Sandalphon, egal was passiert oder nicht passiert, bei dir ist und einen geheiligten Raum für dich schafft, um darin das zu erforschen, was sich während eurer gemeinsamen Zeit zeigt. Sorge dafür, dass du diese Meditation an einem ruhigen Ort machen kannst, an dem dich niemand stört. Wenn es dir richtig erscheint, dann zünde Geburtstagskerzen an und lass sie während der gesamten Meditation brennen. Lösche die Flamme am Ende so, wie du die Geburtstagskerzen auf deinem Kuchen ausblasen würdest, und vergiss nicht, dir dabei etwas zu wünschen. Tatsächlich steht es dir frei, wenn du deiner Meditation ein spielerisches Element geben willst, deine Kerze in ein Törtchen zu stecken und damit entsprechende Geburtstagsschwingungen einzubringen. Je mehr Freude und Verspieltheit du aufbringst, desto leichter wird es dir fallen, offen zu bleiben und deinen Widerstand abzubauen. Du hast die Möglichkeit, die Anweisungen zu dieser Meditation aufzunehmen und dann abzuspielen, damit du nur zuzuhören brauchst und die Augen dabei schließen kannst. Oder du behältst deine Augen offen und liest die Anleitung während der Ausführung. In jedem Fall wirst du mit einer Energie in Kontakt kommen, die dir nutzt.

Verhalte dich so, wie es sich am besten für dich anfühlt.

Lass uns anfangen.

Mach es dir in einem Sessel bequem, auf dem Boden oder auf dem Bett. Es spielt keine Rolle, wo du diese Visualisierung übst, da dein Geist auf jeden Fall wach, fokussiert und voll bei dieser geführten Meditation sein wird. Konzentriere dich auf deinen Atem, und mach lange, langsame, tiefe Atemzüge, indem du durch die Nase ein- und durch den Mund ausatmest und versuchst, deinen Atem immer weiter auszudehnen. Spüre, wie die Atemluft durch deine Nase in deinen Körper gelangt, durch deine Kehle streicht und ihn durch den Mund wieder verlässt. Mit jedem Atemzug wirst du ruhiger und entspannter. Je tiefer du bei deiner Atemarbeit vordringst, desto leichter fällt die Anspannung schließlich von deinen Schultern und von deinem Nacken ab. Spüre, wie sich auch dein unterer Rücken lockert. Sogar deine Füße sind jetzt entspannter und weicher. Bei fortgesetzter langsamer Tiefenatmung gelangt dein Körper in diesen wunderschönen Zustand der Gelassenheit und Empfänglichkeit. Während du dich noch weiter auf deine Atmung konzentrierst, rufe Erzengel Sandalphon und bitte ihn, jetzt und hier zu dir zu kommen. Wahrscheinlich spürst du es sofort, wenn Sandalphon anwesend und bereit ist, dich zu unterstützen. Vertraue darauf, dass er dir in diesem Prozess beistehen wird.

Hole ein weiteres Mal tief und langsam Luft, und entspanne dich noch weiter. Setze deine Atemarbeit fort und halte diesen empfänglichen und entspannten Energiezustand aufrecht. Erinnere dich dabei an etwas, was du dir seit Langem wünschst und schon mehrfach zu verwirklichen versucht hast, aber bisher nie realisieren konntest. Gestatte es dir, während du dieses Ansinnen auf den Bildschirm deines Geistes rufst, alle Emotionen zu empfinden, die mit ihm einhergehen, die Erregung, die der Wunsch in dir auslöst, die Traurigkeit und Enttäuschung, weil er sich bisher nicht manifestiert hat, die Gefühle der Niederlage und des Versagens, weil du es immer wieder versucht hast und sich dein Ansinnen trotzdem nicht verwirklichen ließ. Erlaube es diesen Emotionen, zur Oberfläche aufzusteigen. Während dies geschieht, stellst du dir vor, dass sie kleine Glaskugeln ausbilden. Nimm sie in deine Hände, und reiche sie an Erzengel Sandalphon weiter. Gib dir Mühe, diese Gefühle nicht als gut oder schlecht zu werten, beobachte lediglich, wie sie sich in diese wunderschönen Glaskugeln verwandeln und wie du sie an den Engel weiterreichst in dem Wissen, dass er sich um sie kümmern wird.

Produziere weiter Glaskugeln, bis es im Zusammenhang mit deinem Wunsch keine unverwandelten Emotionen mehr gibt. Du solltest an dein Begehren denken können, ohne dich in irgendeiner Weise gefangen oder aufgeladen oder getriggert zu fühlen. Sobald dies zutrifft, bedanke dich bei Erzengel Sandalphon dafür, dass er gekommen ist und dich in diesem Prozess unterstützt hat. Sobald er sich aus deinem Energiefeld zurückzieht, lege deine Finger auf dein drittes Auge und sprich: »Mit der Macht der 1111 beauftrage ich meinen Geist mit der Erfüllung dieses Wunsches und präge ihn ihm ein.« Dabei drückst du deine Stirn sanft mit den Fingerspitzen und sagst erneut: »Mit der Macht der 1111 beauftrage ich meinen Geist mit der Erfüllung dieses Wunsches und präge ihn ihm ein.« Atme tief durch die Nase ein und durch den Mund wieder aus, und gestatte es dir dabei, leicht hin und her zu pendeln. Schwanke von einer Seite zur anderen, während du deinen letzten Widerstand fallen lässt, den letzten emotionalen Staub von deinen Schultern und dem Rest deines Körpers entfernst. Wenn du dich ganz fühlst und dir sicher bist, dass dein Wunsch nun so vorbereitet ist, dass du ihn verwirklichen kannst, hole ein weiteres Mal tief Luft. Lenke deinen Fokus zurück in den Raum. Mit einem weiteren Atemzug erdest du deine Energie wieder in deinem Körper. Mit dem letzten tiefen Luftholen öffnest du die Augen und bläst die Kerze aus.

Einen Altar für die 1111 und Erzengel Sandalphon einrichten

Falls du noch kein Wunschglas hast, dann ist jetzt ein guter Zeitpunkt, um dir eines einzurichten, da es sich am besten für deinen Altar eignet. Dein Wunschglas kann jede Form haben, die dir gefällt. Es kann aussehen wie die Flasche für einen Flaschengeist, es kann aber auch ein Kelch, eine Box für Zaubersprüche, eine ausgediente Tasse, ein Marmeladenglas oder ein Sparschwein sein. Die einzige Anforderung besteht darin, dass es deine Wünsche aufnehmen soll. Sie kannst du auf Papierstreifen oder auf Klebezetteln notieren. Außerdem brauchst du für deinen Altar ein Bild von Erzengel Sandalphon oder eine entsprechende Orakelkarte, eine goldfarbene oder gelbe Kerze, die für göttliche Fülle steht, die 1111, die du auf ein gelbes Blatt Papier geschrieben hast, eine Prise Salz, eine Handvoll Erde, ein paar Federn und alles, was du sonst noch auf den Altar legen willst. Zusätzlich möchtest du vielleicht ein Gebet oder eine Intentionsaussage formulieren, die sich an Erzengel Sandalphon und die 1111 richtet. Hier ein Beispiel: »Sandalphon, ich rufe dich, damit du meinen Wunsch segnest, ihn hinauf zum Göttlichen trägst und ihn der Wesenheit übergibst, die für die Verwirklichung meiner Traumvorstellung zuständig ist.«

Sobald dein Altar vorbereitet ist, solltest du ihn zur Reinigung mit einer Salbeilösung besprühen oder mit dem Rauch eines Kräuterbündels reinigen. Solche Kräuterbündel könnten Rosmarin, Wacholder und Orangenschalen enthalten. Der Rauch reinigt nicht nur deinen Altar, sondern stimmt außerdem die Energie der Fülle auf deinen Wunsch ein. Sobald dein Altar für deine Gebetsarbeit vorbereitet ist, zündest du deine Kerze an und trägst laut deine Intentionsaussage vor, indem du mit den Worten beginnst: »Ich rufe Erzengel Sandalphon und die Macht der 1111, damit sie meine Intention hören und mir helfen, sie auf die magischste Weise zu manifestieren. Möge meine Intention meinem höchsten Gut dienen und dem aller, die an ihrer Verwirklichung beteiligt sind.« Danach trägst du deine Intentionsaussage beziehungsweise dein Gebet vor: »Meine Intention ist ... ich bete darum ...«

Um das Ritual abzuschließen, kannst du entweder die Kerze ausblasen oder sie brennen lassen, falls das gefahrlos möglich ist. Solltest du die Kerze löschen, sprich zuvor folgende Worte: »Indem ich jetzt diese Kerze ausblase, vertraue ich darauf, dass der Rauch meine Intention hinauf in den Himmel trägt, damit sie vom Universum manifestiert werden kann. Ich bin bereit zu empfangen, worum ich gebeten habe, und so sei es.« Danach löschst du deine Kerze.

Sobald du dein Wunscherfüllungsritual an deinem Altar abgeschlossen hast, sieh dich, wie du die Verwirklichung deiner Herzensangelegenheit erlebst. Stell dir Sandalphon vor, wie er deinen vollständig erfüllten Wunsch zu dir zurückträgt. Sieh dich offen und empfänglich mit lächelndem Gesicht, und spüre die Wellen der Dankbarkeit, die dein Herz überfluten.

Hinweise für automatisches Schreiben

Nachdem du nun deine Gebetsarbeit geleistet hast oder vielleicht schon nach der Visualisierung, hast du möglicherweise bemerkt, dass Erzengel Sandalphon alle nur erdenklichen Andeutungen, Fingerzeige und Anspielungen in deiner Umgebung platziert. Das kann in Form von einzelnen Worten, ganzen Sätzen oder als eine Art inneres Wissen geschehen. Wenn es dir richtig erscheint, dann hol dir dein Tagebuch und schlage Kapital aus diesem Kommunikationsweg. Du könntest der Seite die Überschrift »Gespräche mit Sandalphon und der 1111-Schwingungsenergie« geben. Falls du mit Tagebuchschreiben vertraut bist, dann beginne ohne weitere Vorbereitungen, denn du wirst wissen, wie du die zarten Anstöße, die durch die Informationen von Erzengel Sandalphon und der 1111 zu dir fließen, auffassen musst. Falls Tagebuchschreiben neu für dich ist, steht es dir frei, die nachfolgenden Hinweise zu nutzen, um in Gang zu kommen:

1. Sandalphon, wie kann ich feststellen, ob du in der Nähe bist, und welche Zeichen wirst du mir senden?
2. In welchen Bereichen meines Lebens ereignen sich Wunder, die ich vielleicht gar nicht bemerke?
3. Warum ist es mir in der Vergangenheit schwergefallen, mit den Wundern in meinem Alltag in Verbindung zu treten?
4. Wie kann ich mir der Art und Weise bewusster werden, wie ich mit meiner Familie, in meiner Nachbarschaft, mit meinen Kollegen oder meinem Partner Wunder bewirke?
5. Wie kann es mir heute helfen, wenn ich mich auf die Energie der 1111 einlasse?

Nutze dein Tagebuch, um all die Hinweise, Anstöße und Fingerzeige zu dokumentieren, die Erzengel Sandalphon dir sendet. Man weiß tatsächlich nie, wann einer von ihnen der Schlüssel für eine neuerliche Wunscherfüllung ist. Je länger ich mit Sandalphon zusammenarbeite und je mehr ich ihm überlasse, desto lieber macht er Andeutungen zu den Angeboten, die mir außerdem noch offenstehen, wenn ich ausreichend Mut für weiteres Sinnen und Trachten aufbringe. Öffne dich also, behalte das automatische Schreiben bei und lass deine Herzensbedürfnisse herauspurzeln.

Engelkristall: Mondstein

Die Äußerung eines Herzensanliegens entspricht der Bitte um einen Neuanfang. Wünsche öffnen Kanäle für neue Energie. Sie schließen Türen auf, die wir für versperrt gehalten haben, und bringen Potenzial für unbekannte Möglichkeiten mit. Diese neue Energie gebiert alles mögliche Unbekannte in unser Leben, und deshalb eignet sich der Mondstein besonders, um darin die Energie der 1111 zu erden. Mondstein wird dich darin unterstützen, dich tiefer mit den intuitiven Andeutungen und Zeichen zu verbinden, mit denen Erzengel Sandalphon dein Leben bereichert. Außerdem hilft er dir, darauf zu vertrauen, dass das, was sich entfaltet, ein Teil der Manifestation deines Begehrens im physischen Reich ist. Um deinen Mondstein aufzuladen und ihn mit der Frequenz der 1111 zu codieren, benötigst du folgendes magisches Werkzeug: einen Mondstein, den du bequem mit einer Hand umfassen kannst, ein Blatt Papier, einen Stift, etwas Klebeband oder einen Gummiring, eine weiße oder hellblaue Kerze für deinen Fokus und die Verbesserung deiner Kommunikation und ein Bild oder eine andere Darstellung deines momentanen Wunsches. Möglicherweise nutzt du hierzu einen Ausdruck deiner gegenwärtigen Social-Media-Seiten, eine Collage oder ein einzelnes Foto. Sobald du alle deine magischen Werkzeuge beisammenhast, solltest du einen Blick in einen gültigen Mondphasenkalender werfen. Es ist wichtig, bewusst eine Mondphase auszuwählen, die sich für dich richtig anfühlt. Triff deine Entscheidung auf der Basis deines Bauchgefühls – in diesem Zusammenhang ist Ehrlichkeit ein integraler Bestandteil der 1111-Frequenz.

Sobald du eine Mondphase für die Aktivierung deines Mondsteins ausgesucht hast, solltest du dein magisches Werkzeug und deinen Sandalphon-Altar entsprechend für dein Ritual vorbereiten. In die Mitte deines Blatts schreibst du so detailliert wie möglich deinen Wunsch. Du kannst mit folgenden Worten beginnen: »1111 und Erzengel Sandalphon, ich beanspruche die Verwirklichung meines Wunsches ...« Platziere dein Herzensanliegen. Dann ummalst du es mit einem Herz und reihst am äußeren Rand so viele 1111 aneinander, wie du dort einpassen kannst. Sorge dafür, dass du die Zahlenfolge wenigstens elfmal entlang der Außenlinie oder auf dem Blatt unterbringst. Jetzt legst du die Abbildung, die deinen Wunsch repräsentiert, mitten auf das Herz und darauf den Mondstein. Falte das Blatt zu einem kleinen Päckchen zusammen, und fixiere es mit Klebestreifen oder einem Gummiband.

Als Nächstes legst du das Päckchen auf deinen Sandalphon-Altar und stellst die Kerze auf. Wenn du es für richtig hältst, hast du die Möglichkeit, auch noch andere Objekte auf dem Altar zu verteilen, bevor du mit der Aufladung deines Kristalls beginnst. Der Altar ist dein geheiligter Raum, und es steht dir frei, ihn nach deinem eigenen Gutdünken auszustaffieren. Denk daran, mit dem Ritual erst nach Sonnenuntergang und nach dem Mondaufgang zu beginnen. Alternativ kannst du auch die Zeit am frühen Morgen vor dem Sonnenaufgang nutzen, wenn der Mond noch am Himmel steht. Ist der Mond da, dein Altar vorbereitet und dein Mondstein eingewickelt, dann bist du bereit. Zünde als Erstes deine Kerze an. Lehne dich zurück in deinen Sessel, und lege deine Hand auf dein Herz. Mach tiefe und langsame Atemzüge, und beobachte dabei die Kerzenflamme. Sobald du bereit und vollständig im Augenblick präsent bist, kannst du den nachfolgenden Text vortragen:

> *In die Macht des Mondes gebe ich meinen Stein, damit er sich mit seiner Energie aufladen und meinen Ruf hören kann.*
> *Die Macht der 1111 erfüllt den Stein, codiert seine Schichten und macht ihn stark.*
> *Wenn diese Kerze erlischt, dann weiß ich, es ist vollbracht.*
> *Erfüllte Wünsche und erneuerte Energie gelangen auf Engelsschwingen vom Mond zu mir.*
> *Was geschrieben und gesegnet ist, wird geschehen.*

Danach lässt du deine Kerze so lange brennen, wie es ohne Gefahr geht. Ist es nicht gefahrlos möglich, sie brennen zu lassen, dann lösche sie aus, doch gib ihr so viel Zeit wie möglich. Lass deinen Mondstein für die Dauer der von dir gewählten Mondphase auf dem Altar liegen – also normalerweise ungefähr zweieinhalb Tage. Wickle dann den Stein aus, und trage ihn nun bei dir, bis sich dein Herzensbedürfnis verwirklicht hat. Das Blatt Papier und das dazugehörige Bild kannst du am Kühlschrank befestigen, damit es dich an deinen Wunsch erinnert, oder du gibst beides in dein Wunschglas oder lässt sie auf dem Altar liegen, bis sich dein Anliegen erfüllt hat. Reinige deinen Mondstein mit etwas Salbei oder Palo santo (*Bursera graveolens*) oder lege ihn zum gleichen

Zweck auf einen Salzblock, nachdem sich dein Wunsch verwirklicht hat. Danach ist er bereit für die Codierung mit deinem nächsten Ansinnen.

Zusatzzahlen für die Arbeit mit Erzengel Sandalphons Energie

1110: Wünsche sind zahllos, und es herrscht kein Mangel an ihnen. Wenn du diese Zahlenfolge siehst, dann soll sie dich daran erinnern, dass es unmöglich ist, zu viele Anliegen zu äußern. Du kannst nie um zu viel bitten. Folge deinem Herzen, und katapultiere deine Wünsche hinein ins Universum.

1112: Äußere eine Herzensangelegenheit für deinen Lebenspartner, Geliebten oder einen Mitarbeiter. Wünsche mit geliebten Menschen zu teilen, verstärkt deine Wunschenergie und -kraft.

1113: Es ist an der Zeit, mit deiner Wunschkraft auch die Freude am Wünschen zu erhöhen. Lass dir etwas einfallen, was spielerisch und aufregend ist und wozu du am liebsten alle deine Freunde einladen würdest, damit ihr gemeinsam Spaß habt. Dieser Wunsch sitzt tief unter den Schlägen deines Herzens. Lass ihn hinaus und dich gehen.

1114: Manchmal ist es sinnvoll, die Wünsche klein zu halten, einfach und alltäglich. Es reicht aus, wenn sie nur für dich von Bedeutung sind. Nicht alles in deinem Leben muss eine große Geste sein. Manchmal ist klein und einfach genau das richtige Maß Magie, um dir ein Lächeln ins Gesicht zu zaubern und dir mehr Elan zu verleihen.

1115: Angestrebte Zielvorstellungen fördern Veränderungen. Ob es dir gefällt oder nicht, die Wünsche, die du in die Welt entlässt, enthalten Anlagen für Wandlungen. Falls dir also diese Zahlenfolge begegnet, dann sei dir bewusst, du hast die Macht, eigens um die Veränderung zu bitten, die du in deinem Leben, in deinem Tag, in deiner Nachbarschaft und in deiner Welt sehen möchtest.

1116: Dein Herz weiß, was du wirklich willst. Ihm ist bekannt, wonach du dich sehnst und was du benötigst. Wenn diese Zahlenfolge die Bühne deines Tages betritt, dann gestatte es deinem Herzen, für dich etwas zu wünschen, von dem es weiß, dass du es tatsächlich brauchst.

1117: Mit Wünschen gehen oft Lektionen einher. Sie verwirklichen sich selten, ohne etwas Unbekanntes oder eine Lektion im Gepäck zu haben. Das bedeutet nur, dass einer deiner Wünsche dir neues Wissen eröffnet. Halte heute Ausschau nach solch neuer Information, nach Ideen und Lektionen, die ein erfüllter Wunsch mitbringt.

1118: Einer deiner Wünsche ist im Begriff, sich in der Welt der physischen Dinge zu manifestieren, und das heißt, dass du dich darauf vorbereiten musst. Schaffe Platz in deinem Umfeld und in deinem Kopf. Räume alle zurückgebliebenen Zweifel und Ängste aus, die du im

Zusammenhang mit den unbekannten Begleitern deiner Wünsche haben könntest.

1119: Erfüllte Herzensanliegen bringen Dinge zum Abschluss. Möglicherweise beendigen sie einen Zyklus, eine Phase oder sogar eine Reise. Etwas in deinem Leben kommt zum Ende, und dein Herz hat sich nach genau diesem Wunsch gesehnt, damit du zu etwas Umfassenderem und Freudigerem weiterziehen kannst.

13. KAPITEL

1212 – Erzengel Zadkiel: *Nutze Wertschätzung für Wachstum und Erhöhung*

»Mit deiner Wertschätzung mobilisierst du deine Energie und richtest dich auf die Frequenzen der Fülle aus. Je mehr wir finden, was wir wertschätzen können, desto mehr manifestieren wir ausgehend von einer Position des erhöhten Bewusstseins.«

Die tiefere Bedeutung der 1212

Die Engelzahl 1212 will, dass du dich mit dem Moment verbindest, in dem du gerade beim Lesen dieses Buches stehst, sitzt oder liegst. In dem Augenblick, in dem du dich jetzt befindest, geschieht die Magie. Erzengel Zadkiel möchte, dass du dich im Jetzt erdest, innehältst und deine Aufmerksamkeit auf alles lenkst, was diesen Moment ausmacht. Welche Konspiration war zu deinen Gunsten erforderlich, damit dieser Augenblick zustande kommen konnte? Wir vergessen oftmals, dass sich die Schnellstraße zu Wachstum und Erhöhung im Hier und Jetzt befindet, weil wir uns so gefangen in unserer Vergangenheit oder versenkt in die Potenziale der Zukunft fühlen. Die Engelzahl 1212 holt uns diese Zusammenhänge ins Bewusstsein. Sie ist der Fingerzeig, der dich veranlassen soll, auf die Bremse zu treten, dich umzublicken, deinen Standort anzuerkennen und all das für dich in Anspruch zu nehmen, was du am gegenwärtigen Augenblick zu schätzen weißt. Betrachte deine Umgebung, und benenne laut, wovon du Gebrauch machen willst. Wertschätze deinen Atem, deinen Körper, dein funktionierendes Gehirn, die Kleidung, die deine Haut schützt, die Nahrung, die deiner physischen Hülle den Treibstoff liefert, und den Körper, der sich bewegt und Impulse gibt.

Bei Zadkiel dreht sich alles um das Hier und Jetzt und darum, was ist und was du hast, denn er kennt den kürzesten Weg zu allem, was du willst, brauchst und begehrst. Er begreift auch, dass du das Wort »überborden« nicht zwangsläufig mit allem Kreativen und Guten assoziierst, doch das, was dein Blut in Wallung bringt, dich ganz fordert und deinen Drang nach Schwung entfacht, ist unbändig göttlich. In diesem Zusammenhang bringt »überbordend« zum Ausdruck, dass du in Gang gebracht und über dein Leben in Begeisterung versetzt wirst. Die Engelzahl 1212 will in dir ein Licht anzünden und dich an- und aufstacheln. Sie möchte dich in Schwung bringen, dort, wo du bist, und mit den Mitteln, die dir jetzt zur Verfügung stehen. Du bist umgeben von den Versprechungen der Zukunft. Der Staub der Vergangenheit muss fortgefegt und weggewischt werden. Hierzu sind Bewegung und Handeln, idealerweise in überbordenden Mengen, erforderlich. Am leichtesten findest du zu der Energie, die 1212 bei dir sehen möchte, indem du auf das achtest, was sich in deinem Blickfeld befindet. Sage »Ich wertschätze ...«, und dann zählst du die Objekte auf, die sich vor dir befinden. Je besser du dich auf das Benennen von gewürdigten Dingen einlassen kannst, desto mehr wirst du in deiner direkten Umgebung finden, das deine Wertschätzung verdient.

Bevor du es dir überhaupt bewusst machen kannst, hast du einen so starken Energiewirbel hervorgerufen, dass du physische Veränderungen in deinem Körper wahrnimmst und dein Geist sich auf die Suche nach noch mehr Dingen macht, die du würdigen kannst. Du bringst damit einen Bereich deines Gehirns in Gang, der dringend noch mehr wertschätzende Gedanken und Gefühle hervorbringen will. So erzeugst du den gewünschten überbordenden Schwung der Wertschätzung. Und so zeigt sich die Magie der 1212. Das ist das Geschenk, mit dem Erzengel Zadkiel dein Leben bereichern will.

Erzengel Zadkiel

Als ich Erzengel Zadkiel zum ersten Mal begegnete, hatte er die Gestalt eines Bären angenommen und hörte auf den Namen Zeke, wie ich ihn deshalb noch heute nenne. Der Bär diente einer meiner Freundinnen als Führer, die, nebenbei gesagt, keine Ahnung hatte, dass es sich bei diesem

Tier um einen Engel handelte. Diese Erkenntnis hatte sie sehr viel später. Als sie es endlich verstand, war der Heiterkeit kaum eine Grenze zu setzen. Zeke arbeitet mit meiner Freundin als Heiler in Bärengestalt, auch wenn das nicht die Form ist, mit der wir seine Energie normalerweise in Verbindung bringen. Es ist wahr, Wertschätzung wirkt tatsächlich unglaublich heilend. Denn wenn wir uns dem Fluss der Wertschätzung überlassen, dann strahlt unsere Aura so sehr, dass sie den Raum erhellt. Anders ausgedrückt: Unsere Lebensenergie erhält eine Verjüngungskur. Die Tatsache, dass Zadkiel wandlungsfähig ist und sich liebend gern in unterschiedlichen Gestalten präsentiert, holt uns ins Bewusstsein, wie transformierend die Energie der Wertschätzung wirken kann. Sie verwandelt und verändert die Energie in uns und in unserem Umfeld und zeigt auf diese Weise alle Eigenschaften einer Gestaltwandlungssuperkraft.

Zeke wird häufig als der »Engel der Freiheit und Barmherzigkeit« bezeichnet, begabt mit dem Talent, jene zu segnen, die um Gottes Erbarmen und um seine Vergebung bitten. Diese Eigenschaften passen zu seiner Fähigkeit, uns von unseren Leiden zu befreien. Erstaunlicherweise erreicht überbordende Wertschätzung genau das Gleiche. Sie reißt dich heraus aus der Energie des Leids und hebt dich auf zur Kraft der Freiheit, Stärke und Macht. Wenn die schweren Ketten des Schmerzes, Zweifels und der Traurigkeit zerrissen werden, dann ziehen Leichtigkeit und Lebendigkeit ein. Das ist es, was wir in der Energiearbeit als Ausdehnung – und damit als das Gegenteil von Kontraktion – bezeichnen. Zusätzliche negative Emotionen, Gedanken und Verhaltensweisen wirken einengend und lassen die Aura und die Energiekörper schrumpfen. Wenn wir Zeke anrufen, dann unterstützt er uns dabei, uns auszubreiten und uns langsam, sanft und liebevoll auszudehnen. Er tut all dies durch die Kraft der 1212 und die Kunst der Wertschätzung. Beides wirkt wie magische Medizin auf unseren Körper, unseren Geist und auf unsere Seele. In welcher Form auch immer Zadkiel sich dir offenbart, mach dir bewusst, dass er gekommen ist, um deine Schwingungen zu verwandeln. Mit der Wurzelbürste in der Hand verhilft er dir zu der Art neuem Glanz, die in deinem Inneren beginnt. Seine Behandlung ist vollkommen schmerz- und drogenfrei. Du hast nichts anderes zu tun, als alles aufzuzählen, was deine Wertschätzung und Dankbarkeit verdient. Vielleicht möchtest du mit Erzengel Zadkiel beginnen.

Erzengel Zadkiels Visualisierung/Meditation

Öffne dich deinem grenzenlosen Potenzial

Diese Meditation ist so beschaffen, dass sie dich darin unterstützt, dich auf die Frequenz der Wertschätzung auszurichten. Je häufiger du die Meditation wiederholst, desto besser bist du an die Schwingungsfrequenz der Wertschätzung angepasst. Weißt du, Wertschätzung ist nichts, womit du dich nur dann und wann beschäftigst; sie ist eine Energiespirale, ein wirbelndes Rad aus Schwingungsenergie, die dich 24 Stunden an sieben Tagen die Woche begleitet. Achte darauf, dass du diese Meditation an einem Ort machst, an dem du ungestört bist. Wenn es dir richtig erscheint, kannst du eine violette Kerze anzünden, um dein drittes Auge und dein Kronen-Chakra miteinander zu verbinden, und sie während der gesamten Meditation brennen lassen. Vergiss nicht, sie am Ende zu löschen. Du hast die Möglichkeit, die Anweisungen zu dieser Meditation aufzunehmen und dann abzuspielen, damit du nur zuzuhören brauchst und die Augen schließen kannst. Oder du behältst deine Augen offen und liest die Anleitung, während du die Übung machst. In jedem Fall wirst du mit einer Energie in Kontakt kommen, die dir nutzt.

Verhalte dich so, wie es sich am besten für dich anfühlt.

Lass uns anfangen.

Beginne, indem du es dir bequem machst; nimm eine entspannte Yogaposition ein oder entscheide dich für einen gemütlichen Sessel oder konzentriere dich einfach auf das Einatmen durch die Nase und das Ausatmen durch den Mund. Gestatte es deinem Körper, mit jedem Atemzug tiefer zu entspannen. Lass deine Schultern sinken, spüre, wie sich die Anspannung aus deinem Nacken zurückzieht, und empfinde, wie die Wellen der Entspannung deinen Körper vom Scheitel bis zu den Zehenspitzen überfluten. Während du weiter ein- und ausatmest und dich Welle um Welle immer stärker von der Energie der Entspannung erfasst fühlst, möchtest du vielleicht die Augen schließen, damit du dich tiefer in diesen friedlichen und ruhigen Raum fallen lassen kannst. Erhalte deine Atemarbeit aufrecht, und spüre der Energie nach, die deinen Körper entkrampft. Sobald du das größte dir mögliche Maß an Lockerung erreicht hast, rufe die Energie von Erzengel Zadkiel. Bitte ihn, in der Form an deine Seite zu treten, die ihm am angenehmsten ist. Sei offen, um seine Gegenwart zu spüren, und gestatte es seiner Energie, sich mit den Wellen deiner eigenen entkrampfenden Energie zu verbinden. Spüre, wie diese Kraft, die sich in dir von deinem Scheitel bis zu deinen Zehenspitzen ausbreitet, von Zadkiels Liebe, Unterstützung und seiner Führung durchdrungen wird.

Atme weiter. Gewähre Erzengel Zadkiel Zugang zu deinem Energiefeld, und gestatte es ihm, deine Aura zu durchdringen. Lege deine Finger auf deine Stirn zwischen die Augenbrauen auf dein drittes Auge. Übe sanften Druck auf diese Stelle aus, während du die nachfolgende Intentionsaussage aussprichst:

Ich bin die Frequenz der Wertschätzung.

Drücke und atme.

Ich bin eingehüllt in die Frequenz der Wertschätzung.

Drücke sanft, atme ein und aus und präge deinem Geist diese Intentionsaussagen durch dein drittes Auge ein.

Die Frequenz der Wertschätzung fließt in mir und umhüllt mich.
Die Frequenz der Wertschätzung durchdringt jeden Aspekt meines Lebens.

Präge ein und atme.

Ich atme diese Frequenz der Wertschätzung ein, und ich atme diese Frequenz der Wertschätzung aus.
Ich bin die Frequenz der Wertschätzung. Das bin ich.

Atme ein, atme aus und drücke deine Intentionsaussage in deinen Geist.

Präge diese Energie der Wertschätzung deinem Bewusstsein tief ein.

Atme ein, atme aus und drücke die Energie von Erzengel Zadkiel in deinen Geist, in deine Schwingung und tief in dein Bewusstsein.

Atme.

Hebe vorsichtig deine Fingerspitzen von deinem dritten Auge. Lass dir etwas Zeit, um in dieser wunderschönen, entspannten Energie zu verharren. Spüre, wie die Frequenz der Wertschätzung, diese neue engelhafte Energie in deine Aura eingeht und Teil deines Schwingungswesens wird. Atme die Schwingungsfrequenz der Wertschätzung weiterhin in deinen Körper ein und wieder aus und danke dabei Erzengel Zadkiel dafür, dass er heute bei dir ist. Kehre mit deinem Bewusstsein langsam in den Raum und in deinen Körper zurück, und sei dabei erfüllt von der zweifelsfreien Gewissheit, dass Zadkiels Energie jetzt in deinen Geist, in deinen Körper, in deine Aura und in dein Schwingungsfeld eingeprägt ist. Jeder Ort, an dem du dich aufhältst, alles, was du tust, wird durchdrungen sein von dieser Frequenz der Wertschätzung und von der Energie des Erzengels.

Lass dir selbst genug Zeit, damit du ganz bewusst, ganz gegenwärtig und ganz fokussiert sein kannst. Öffne langsam deine Augen, und bereite dich vor auf die Rückkehr in deinen Alltag oder auf deinen Nachtschlaf.

Einen Altar für die 1212 und Erzengel Zadkiel einrichten

Wertschätzung gehört zu den Dingen, die an den Augenblick gebunden sind. Ihre Energie lebt im Hier und Jetzt, und dein Altar sollte das vermitteln. Auch wenn Wertschätzung Dankbarkeit und Segnung ähnelt, so bringt ihre Energie doch Ehrung stärker zum Ausdruck. Etwas, das wir ehren, wertschätzen wir und umgekehrt. Was also willst du im Zusammenhang mit Erzengel Zadkiel ehren? Es könnte sich um eine Person in deinem Leben handeln, um einen Ort, der dich deine Lebendigkeit spüren lässt, oder um eine Arbeit, die du gerne tust. Wähle also ein paar Objekte aus, die repräsentieren, was du ehren willst. Vielleicht möchtest du zu diesem Zweck ja sogar eine kleine Traumcollage anfertigen. Sobald du damit fertig bist, platzierst du sie auf deinem Altar. Außerdem brauchst du für deinen Altar ein Bild von Erzengel Zadkiel oder eine entsprechende Orakelkarte, eine rosafarbene Kerze für das Herz-Chakra, die 1212, die du auf ein rosafarbenes Blatt Papier geschrieben hast, eine Prise Salz, eine Handvoll Erde, ein paar Federn und alles, was du sonst noch auf den Altar legen willst. Zusätzlich möchtest du vielleicht ein Gebet oder eine Intentionsaussage formulieren, die sich an Erzengel Zadkiel und die 1212 richtet. Hier ein Beispiel: »Zadkiel, ich lege diese Dinge als Wertschätzung für das, was ich in meinem Leben habe, auf deinen Altar. Ich ehre diese Person, diesen Ort oder diesen Gegenstand hier in diesem Augenblick so, wie sie/er/es ist, und dafür, welche guten Gefühle er/sie/es hier und jetzt in mir hervorruft. Ich danke dir, Zadkiel, dafür, dass du mir diesen sicheren und geheiligten Raum zur Verfügung stellst, damit ich ehren und wertschätzen kann, was sich hier direkt vor mir befindet.«

Sobald dein Altar vorbereitet ist, solltest du ihn mit dem Rauch eines Kräuterbündels oder mit einem Spray auf der Basis eines ätherischen Öls reinigen. Eine derartige Reinigung ist Bestandteil deiner Altarmagie und gibt den Ton an für dein Wertschätzungsritual. Sobald dein Altar auf deine Gebetsarbeit eingestimmt ist, mach ein paar tiefe Atemzüge, zünde deine Kerze an und trage laut deine Intentionsaussage vor, indem du mit folgenden Worten beginnst: »Ich rufe Erzengel Zadkiel und die Macht der 1212, damit sie meine Intention hören und mir helfen, sie auf die am meisten gesegnete Weise zu manifestieren. Möge meine Intention meinem höchsten Gut dienen und dem all derjenigen Menschen, die an ihrer Verwirklichung beteiligt sind.« Danach trägst du deine Intentionsaussage beziehungsweise dein Gebet vor: »Meine Intention ist ... ich bete darum ...«

Um das Ritual zum Abschluss zu bringen, löschst du entweder die Kerze oder lässt sie brennen, falls das möglich ist, ohne damit ein Risiko einzugehen. Solltest du die Kerze löschen wollen, sprich zuvor die nachfolgenden Worte: »Indem ich jetzt diese Kerze ausblase, vertraue ich darauf, dass ihr Rauch meine Intention hinauf in den Himmel trägt, damit sie vom Universum manifestiert werden kann. Ich bin bereit, das zu empfangen, worum ich gebeten habe, und so sei es.« Danach löschst du deine Kerze.

Hinweise für automatisches Schreiben

Nachdem du nun Zeit gehabt hast, dich durch die Meditation in diesem Kapitel und deine Gebetsarbeit mit Erzengel Zadkiel zu verbinden, bemerkst du möglicherweise, dass du nach und nach immer mehr Hinweise auf Zekes Energie in deiner Umgebung findest. Vielleicht hast du kleine Stöße gespürt, Flüstern gehört oder sogar Fingerzeige der Engel erhalten. Mitteilungen treffen ein und warten darauf, dass du dich mit ihnen auseinandersetzt. Das kann in Form von einzelnen Worten, ganzen Sätzen oder auch als eine Art inneres Wissen geschehen. Wenn es dir richtig erscheint, dann nimm dein Tagebuch zur Hand und schlage Kapital aus diesem Kommunikationsweg des automatischen Schreibens, den Erzengel Zadkiel dir eröffnet. Du könntest der Seite die Überschrift »Gespräche mit Zadkiel und der 1212-Schwingungsenergie« geben. Falls du mit Tagebuchschreiben vertraut bist, steht es dir frei, einfach loszulegen, denn du wirst wissen, wie du die zarten Anstöße, die durch die Informationen von Erzengel Zadkiel und der 1212 zu dir fließen, auffassen darfst. Falls Tagebuchschreiben neu für dich ist, hast du die Möglichkeit, die nachfolgenden Hinweise zu nutzen, um in Gang zu kommen:

1. Zadkiel, wie kann ich feststellen, ob du in der Nähe bist?
2. In welchen Bereichen meines Lebens soll ich heute mit meiner überbordenden Wertschätzung beginnen?
3. Warum ist es mir in der Vergangenheit schwergefallen, die Energie der Wertschätzung mit meinem Alltag zu verbinden?
4. Wie kann ich deine Wandlungsfähigkeit nutzen, um meine Ängste und Widerstände im Zusammenhang mit dem wertschätzenden Umgang mit meinem Leben und allem, was ist, zu transformieren?
5. Auf welche Weise kann es mir heute helfen, wenn ich mich auf die Energie der 1212 einlasse?

Möglicherweise wirst du feststellen, dass dich bereits die Lektüre dieser Hinweise zum Schreiben motivieren und dass du sofort über sie hinauswächst. Lass dich auf den Prozess ein, vertraue darauf, dass Zadkiel dir die Hand führt, und verzichte darauf, das, was eintrifft, mit dem Verstand zu beurteilen.

Engelkristall: Larimar

Dieser einzigartige, geradezu engelhafte blaue Kristall hilft dir, dein Hals-Chakra zu öffnen und Energie aus dem Herzen zutage zu fördern. Es heißt, dass Larimar Seelenfrieden,

Ruhe, Freude und Mitgefühl bewirkt, wenn er in der Hand gehalten oder am Körper getragen wird. Mit ihm als idealem Unterstützer kannst du lernen, deiner Liebe zum Leben und deiner überbordenden Wertschätzung erhöhten Ausdruck zu verleihen. Deshalb ist Larimar auch der beste Kristall, um die Energie der 1212 und von Erzengel Zadkiel zu erden. Um deinen Stein mit der Frequenz der 1212 zu codieren und Zadkiels Energie darin zu verankern, benötigst du die nachfolgenden magischen Werkzeuge: einen Stift, einen Larimar in einer Größe, die du mit der Hand leicht umfassen kannst, Bilder von Menschen, Tieren oder Gegenständen, die du wertschätzt, ein Blatt Papier, etwas Klebeband oder einen Gummiring und eine weiße Kerze. (Ein Teelicht erfüllt den Zweck ebenfalls.) Außerdem brauchst du einen aktuellen Kalender, um festzustellen, wann der nächste zunehmende Halbmond ist, weil du deinen Kristall codieren willst, während der Mond ausgeglichen, aber dennoch im Zunehmen begriffen ist. Diese ausgeglichene, aber zugleich anwachsende Energie ist ein Bestandteil der wertschätzenden 1212-Energie, die du in deinen Stein einbetten willst.

Sobald du alles erforderliche magische Werkzeug beisammenhast und weißt, wann der nächste zunehmende Halbmond ist, zeichne mit dem Stift ein Herz auf dein Blatt, das es möglichst zur Gänze füllt. In das Herz hinein schreibst du 1212 und legst zuerst deine Bilder und dann den Larimar darauf. Wickle den Stein so in das Papier ein, bis du ein kleines Päckchen erhältst, das du mit dem Klebeband oder dem Gummiring fixierst. Lege das Päckchen auf Zadkiels Altar oder auf jeden anderen, den du für diesen Zweck vorgesehen hast, und entzünde die Kerze. Sobald sie brennt, lege deine Hand über dein Herz und mach eine Reihe tiefer, langsamer Atemzüge, wobei du durch die Nase ein- und durch den Mund wieder ausatmest. Nutze deinen Atem, um dich auf den gegenwärtigen Augenblick einzustimmen und dich zugleich mit deinem Körper und deinem Geist zu verbinden. Sobald du meinst, ausreichend fokussiert und zentriert zu sein, rufe Erzengel Zadkiel und bitte ihn, mithilfe des zunehmenden Halbmonds die Frequenz der 1212 und Wertschätzung in deinen Kristall zu codieren. Du kannst dich hierzu eines Gebets, einer Affirmation oder einer niedergeschriebenen Intentionsaussage bedienen, musst es aber nicht. Verharre so lange in der Energie, wie es dir notwendig erscheint, aber nicht kürzer als zwei Minuten. Wenn es gefahrlos möglich ist, dann lass die Kerze ganz herunterbrennen. Dein Kristall sollte für 48 weitere Stunden auf dem Altar liegen bleiben. Im Anschluss an diese Ruhezeit packst du den Larimar aus und bewahrst ihn entweder in der Hosentasche oder in deinem BH auf. Falls du jedoch einen Anhänger oder ein Armband aufgeladen haben solltest, dann kannst du es jetzt als Erinnerung daran tragen, dass du jeden einzelnen Augenblick deines Tages in dem Wissen wertschätzen sollst, dass du fähig bist, deine Energie, deine Gedanken, deine Gefühle und dein Leben zu verwandeln.

Zusatzzahlen für die Arbeit mit Erzengel Zadkiels Energie

1210: Es ist an der Zeit, die Wunder all der zahlreichen unbekannten Möglichkeiten in deinem Leben wertzuschätzen. Rings um dich herum gibt es so viel bisher noch nicht angezapftes Potenzial. Erwecke es zum Leben, und lass es zu.

1211: Gestatte es dir, heute dein eigenes Loblied zu singen. Erstelle eine Liste der Dinge, die du diese Woche unter Berücksichtigung großer wie kleiner Siege gut gemacht hast, und der Gelegenheiten, bei denen du höher hinaufgelangt bist und durch Wertschätzung eine Führungsrolle errungen hast.

1213: Es ist an der Zeit, deine überbordende Wertschätzung über deinen Freunden auszuschütten, denn sie müssen erfahren, wie wichtig sie dir sind, und wie sehr du es zu schätzen weißt, dass sie sich mit dir in deiner Umlaufbahn befinden.

1214: Jetzt ist der richtige Augenblick, um ein neues Konto einzurichten, dass Geld »einfängt«. Nutze es, um dein Wechselgeld zu sparen, und als eine der Möglichkeiten, um deine Wertschätzung dafür, dass du von Fülle umgeben bist, zum Ausdruck zu bringen. Solltest du bereits über ein solches Konto verfügen, dann klopfe dir dafür auf die Schulter, dass du so unglaublich gut mit deiner Manifestationsenergie umgehst.

1215: Zum Ausdruck gebrachte Wertschätzung verursacht Veränderung. Sieh dich um, denn du hast nicht nur dich selbst, sondern auch die Energie in deiner unmittelbaren Umgebung beeinflusst.

1216: Deine Familie muss erfahren, wie groß die Wertschätzung ist, die du ihr entgegenbringst. Finde heute einen Weg, um deine Familienmitglieder zu ehren, sei es durch eine Einladung zum Essen oder auf eine andere Weise. Aber trachte auf jeden Fall danach, dass jeder die Schwingungen deiner Wertschätzung empfangen kann und in sich aufnimmt.

1217: Erfreue dich heute an deinem Wissen und deiner Weisheit. Wie auch immer du beides erworben hast, es hat dir gut gedient. Übe dich in der überbordenden Wertschätzung deines Gehirns, deines Wissens und deiner Expertise.

1218: Unabhängig von deinen Umständen gibt es Dinge in deinem Leben, denen du tiefste Wertschätzung entgegenbringst. Es kann sich um ein kleines oder um ein großes Objekt handeln. Es spielt keine Rolle, welche Art Gegenstand es ist. Schreib ihm ein Liebeslied, gib ihm einen Kuss und verliere dich in deiner Wertschätzung für dieses Objekt.

1219: Gerade, wenn es auf das Ende zugeht, gibt es so vieles, was noch unserer Wertschätzung bedarf. Finde heute heraus, worum es sich handelt, und halte dich daran wie an deinem Leitstern fest, statt es deinem Ego zu gestatten, dass es sich an dem festbeißt, was du zurücklassen musst.

Nachwort

Im Verlauf dieses Buches wurdest du mit 13 Erzengeln bekannt gemacht. Du hast mit ihnen eine Reise unternommen und sie in dein Leben eingeladen, aber du musst jetzt, da du mit meinem Text fertig bist, nicht aufhören, mit ihnen zusammenzuarbeiten. Ich hoffe, dass du wenigstens mit einem der Erzengel, die du kennengelernt hast, eine tiefere Verbindung eingehst und dass du einen ihrer Altäre in deinem Zuhause beibehältst und lernst, wie du den betreffenden Engel rufen kannst, damit er dich unterstützt und führt. Ob dieser Engel nun zu deinem Meditationsgefährten wird oder du ihn als sicheren Hafen für deine Gebete nutzt, auf jeden Fall will er beziehungsweise wollen sie dir helfen. Sie wünschen sich, Anteil zu haben an deiner Freude und Gesundheit, an deinem Glück und Wohlergehen. Sie wollen dich lieben, dich mit Wundern überschütten und dich jeden einzelnen Tag segnen dürfen. Doch all das können sie nur tun, wenn du es ihnen gestattest. Dieses Buch ist mehr als eine Einführung; es ist auch eine Einladung der Engel an dich, mehr Zeit mit ihnen zuzubringen. Es will dich daran erinnern, dass sie allzeit in deiner Nähe sind und nichts mehr wünschen, als dir zu dienen. Bevor du das Buch fortlegst oder in dein Bücherregal zurückstellst, vergiss nicht, dem Engel oder den

Engeln deiner Wahl mitzuteilen, dass du sie akzeptierst und ihr Hilfsangebot, ihren Segen und ihre Schwingungsenergie gerne in deinem Leben annimmst.

Damit, lieber Leser, hat unser gemeinsamer Weg sein Ziel erreicht. Die Engel und ich danken dir dafür, dass du deine Zeit mit uns zugebracht hast, und wir wollen dich wissen lassen, dass wir uns nur zu gerne mit dir verbinden. Wir würden uns freuen, wenn wir dich bei einer unserer Live-Engelbegegnungen begrüßen dürften. Hierzu musst du nur um deine Aufnahme bei Quantum Wealth Collective for Luxe Goddess Entrepreneurs Group auf Facebook bitten, denn wir möchten mit dir in Verbindung bleiben. Bis dahin, mögest du mit den Engeln gehen und mit jedem deiner Schritte Wunder bewirken.

So sei es.

Sei gesegnet.

Danksagung

Man braucht ein ganzes Dorf, um ein Buch auf den Markt zu bringen, und ohne meine kleine Gemeinschaft hätte dieses Werk es niemals ans Tageslicht geschafft. Herzlichen Dank all jenen bei Llewellyn, die diese Veröffentlichung zu dem gemacht haben, was sie heute ist, und ganz besonders danke ich Angela Wix dafür, dass sie mir diese Gelegenheit gegeben hat. Mein Dank geht insbesondere an meine Lektorin Laure, die aus meinen ungeschliffenen Worten glitzernde Edelsteine gemacht hat. Nicht zuletzt danke ich dir, liebe Leserin, lieber Leser, denn würdest du meine Bücher nicht kaufen, könnte ich keine weiteren schreiben. Meine tiefempfundene Dankbarkeit geht an meine Ehefrau, die meine größte Motivatorin und Unterstützerin ist.